最新データと図解でみる

定年後のお金と暮らし

坂本貴志
井戸美枝

はじめに

前回の東京オリンピックが開催された１９６４年の日本の平均寿命は、男性が約67歳、女性が約72歳でした。２０２２年の平均寿命は男性が約81・５歳、女性が約87・５歳ですので、１９６４年からの約60年間で男女とも15歳前後も寿命が延びています。

長生きすることは、人生経験が増える半面、それだけ生活費も必要ということになります。「人生１００年時代」「生涯現役時代」などとテレビや新聞で言われてはいても、実際に定年を迎えた後の世代がどんな暮らしをし、いつまで仕事をし、資金面でどんな

工面をしているのかは、意外と明らかになっていません。

本書では、「暮らし」「仕事」「お金」の面から、データを通して、定年後世代がいかに過ごしているかを明らかにしています。そこからわかってきたことは、70歳男性の就業率は45・7％、ホワイトカラーから現場の仕事に転換、年金収入に月10万円をプラスして暮らしている、などの赤裸々な実態です。

60歳前の現役世代は今まで知る由《よし》もなかった定年後世代の暮らしぶり。その姿を見ることから、将来の自分の生活やキャリアなどを思い描き、一抹《いちまつ》の安堵《あんど》感を感じてくれることを願っています。

２０２３年3月　編集部

「新・定年後世代」はどんな人？

世代

1960年代生まれが定年後世代に突入していく

2021年から、1960年代生まれが続々と定年を迎えています。この世代は新入社員時代にバブルを経験した「バブル世代」であり、男性に関しては、65歳からしか公的年金を受給できない第一世代でもあります。

そして、共通一次や女性総合職などの時代の変遷を乗り越えてきたこの世代がいま直面しているのが、人生100年時代における老後のキャリア形成です。長期化する老後生活を豊かなものにするためにも、どんな姿勢で老後に仕事をしていくかにいま、直面しているのです。

「団塊ジュニア」が後ろに迫ってきている

●日本の人口ピラミッド

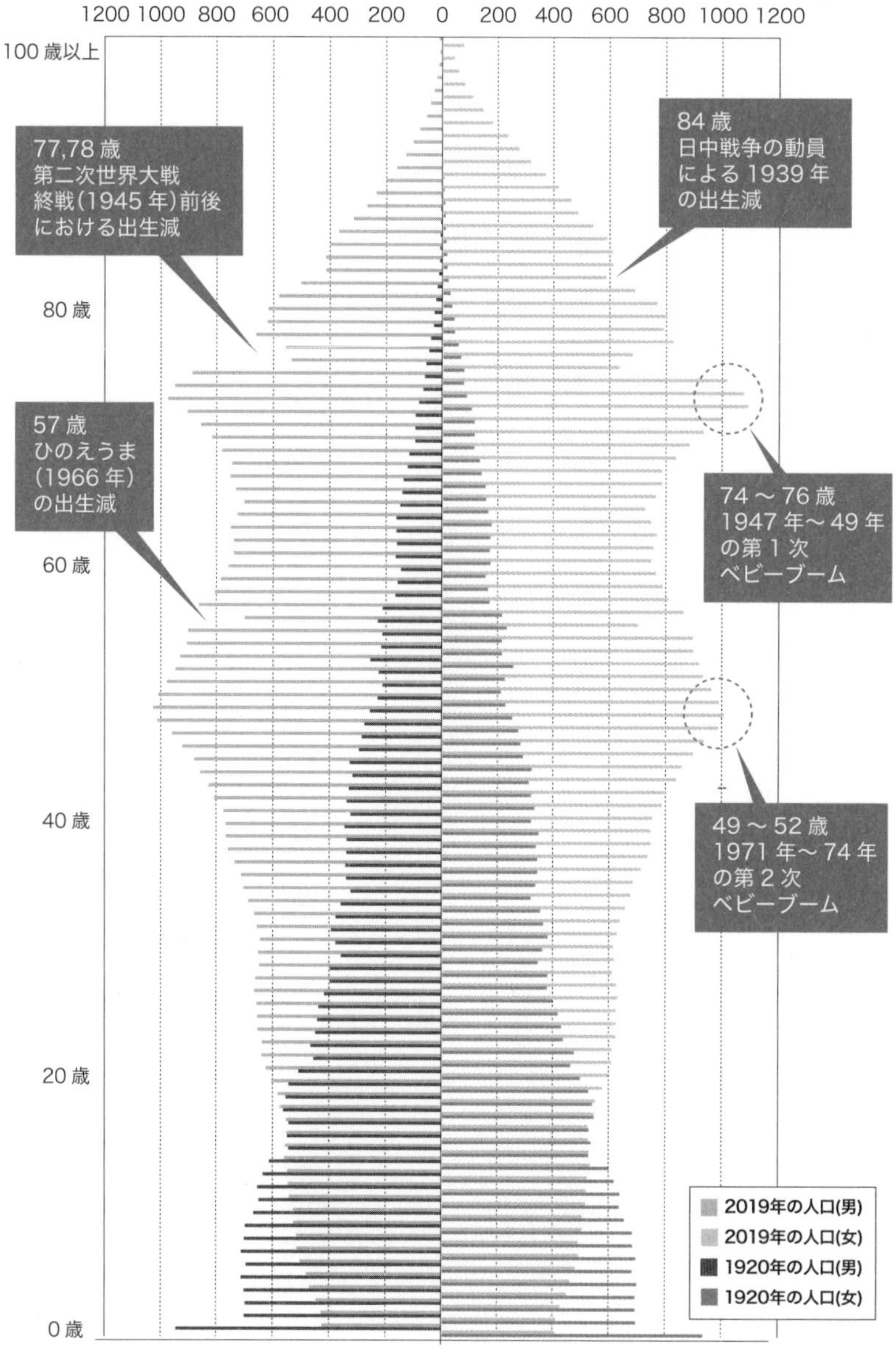

出典：「大正9年国勢調査」
「総務省統計局人口推計（2021年（令和3年）10月1日現在）」

環境

65歳までの雇用は義務、70歳まで努力義務

50年代生まれ以前の世代と違って、60年代生まれ世代は60歳から年金を受け取れません。こうした背景を踏まえて、2021年に政府は「改正高齢者雇用安定法」、通称「70歳定年法」を施行。企業に①65歳までの定年引き上げ②65歳までの継続雇用制度の導入③定年廃止のいずれかが義務付けられました。2025年の経過措置期間終了後には、さらに制度が拡充され、70歳までの定年引き上げなどが企業に努力義務として課されることになります。政府や企業側も60年代生まれには長く働き続けることを後押ししているわけです。

高齢者の労働力が期待されている

● 高齢就業者の推移(年平均)

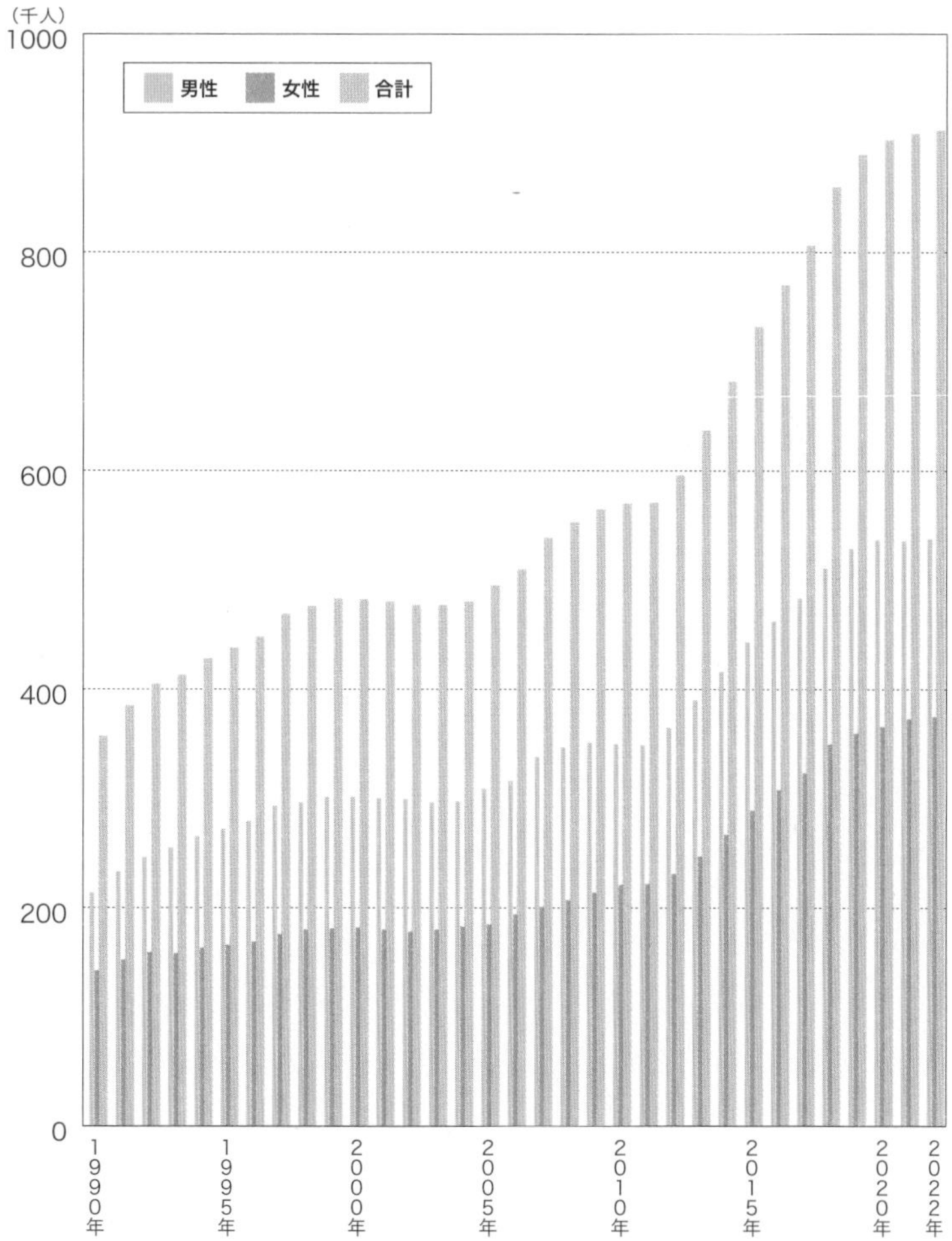

出典：「労働力調査」（基本集計）。高齢就業者とは65歳以上の就業者
※2011年は、東日本大震災に伴う補完推計値　※数値は単位未満四捨五入のため、合計値と内訳値が一致しない場合がある

2013年からの10年間で高齢就業者数は30%増加している

課題

ホワイトカラーの仕事が減っていく世代

左ページの図は、2030年にかけての人材需給バランスを職業区分別に集計したものです。これを見ると、AIなどの新技術の台頭によって事務職の需要が今後どんどん低下していくことが見て取れます。一方で、DXなどに適用する専門職の人材は恒常的に不足する見込みです。現在の定年世代の多くはホワイトカラーと呼ばれる事務職ですが、現役時代の働き方にこだわった末に仕事に就けなくなっては元も子もありません。そのため、新たに専門的技術を身に付けるなどして、需要の高い専門職に挑戦してみることも必要となるでしょう。

DX系の専門職が大量に不足。事務職は120万人過剰

● 人材供給の時系列変化(2015年対比、職業分類別)

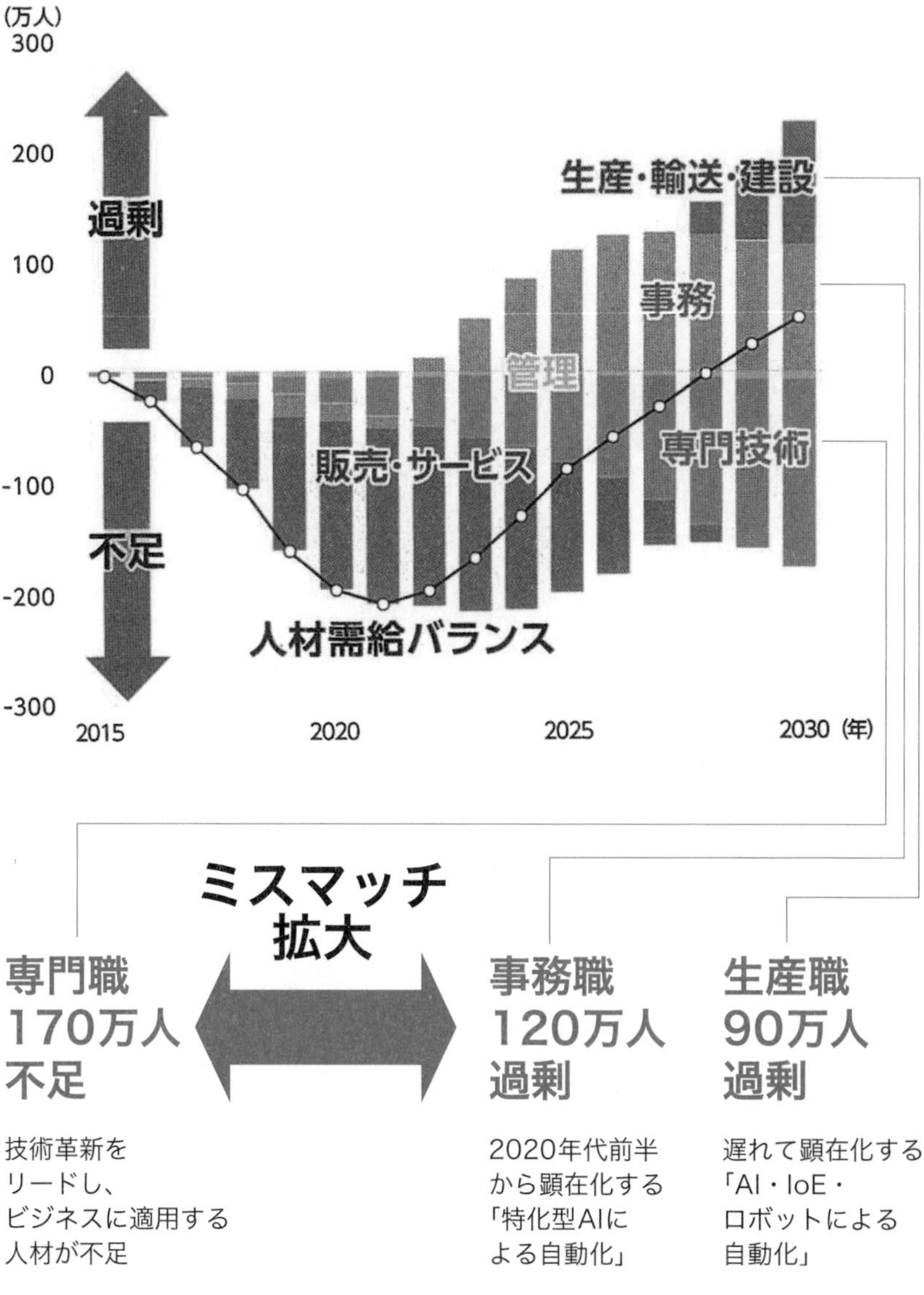

出典：三菱総合研究所　「大ミスマッチ時代を乗り超える人材戦略 第2回 人材需給の定量試算：技術シナリオ分析が示す職の大ミスマッチ時代」より編集部作成

第1章

第2章

定年後の仕事のリアル……73

Question

第3章

定年後のお金のリアル

〔制作スタッフ〕
編集●宮下雅子（宝島社）
編集協力●酒井富士子、今野珠美、白石悠、森永結衣（回遊舎）、鈴木弥生、峯岸弓子
表紙デザイン●渡邊民人（タイプフェイス）
文中イラスト●玉田紀子
本文デザイン●遠藤嘉浩、遠藤明美（遠藤デザイン）

対談

井戸美枝（社会保険労務士）× 坂本貴志（リクルートワークス研究所研究員）

背負っていた負荷が一気にはずれ仕事も人生も楽しくなる定年後の世代

定年後も働くのは時代の要請になっている

坂本　定年後の就業率が急速に上がったのはこの10年ぐらいのことで、今定年を迎えている世代（1960年代生まれ）と一つ前に定年を迎えた世代（1950年代生まれ）では意識が変わっていると思います。例えば一つ前の世代が定年後まで働いていると元同僚から「お前まだ働いてるの？」と言われたそうですが、今の世代が定年で仕事を辞めると「お前もうやめたの？」と言われるそうです。働くことが当たり前の時代に入っていますね。

井戸　年金の受給開始年齢が65歳になり、いつまで仕事をして、年金をいつから受け取るか、という意識に変わっていると思います。坂本さんが著書『ほんとうの定年後「小さな仕事」が日本社会を救う』（講談社現代新書）に書かれたような「小さな仕事」にどう移っていったらいいか、今はそういうご相談が多いと感じています。

坂本　定年後世代は、年金は目減りの傾向にありますが、かと言ってそんなに稼がなければいけないってわけじゃない。月に10万円、夫婦で10万円でもいいんです。50歳代半ばの現役世代から見ると、ステップアップして給料も上げたいと必死な時期なので、定年後の仕事もその延長線上で考えてしまいます。「まだ頑張らないといけない？」と働くことに後ろ向きになってしまうのです。しかし、実際に再雇用になると、収入は下がるけれど仕事の負荷も下がるから「これぐらいでちょうどいいな」と考えが変わってくるんです。また、今、企業の姿勢がすごく変わってきています。若手採用がむずかしい分、ビジネスの維持・向上のために高年齢者に活躍してもらいたいという状況になっています。高年齢者が働く環境が整ってきているので、そうした現実にも気付いてもらいたいですね。

井戸　日本の会社は7割が中小企業で、そういう会社ではそもそも70歳まで働くのが当たり前。辞めてもらったら困るんですよ。一方で、今の定年後の世代のもう一つ下の世代、団塊ジュニア世代を見ると、定年まで働くという意識も希薄になってますね。早期退職制度を使う優秀な人が多くて、テレビ局のディレクターが植木職人になるとか、50歳前後でキャリアチェンジする人も多い印象です。人生100年と考えれば50歳で半分来たわけだから、そろそろ違う道に行きたい、って考えるのもわかりますね。

60歳代は仕事と暮らしのポートフォリオがいい感じになる

井戸　坂本さんはご著書の中で、定年後は幸せ度が高いということをおっしゃっていて、それは私にとって気付きでしたね。今まで焦点が当たるようで当たっていなかったというか。そこに注目された理由があれば教えていただけますか。

坂本　定年後は幸せなんだ、ということをデータでしっかり見せたかったんです。私は基本的にデータを分析して物事を語る人間なので、定年後の人はそもそも幸せなのか、今の仕事に満足しているのか、押さえておくべきポイントだと思っていました。客観的にわかる結果を見せることで、定年後を不安に思われていた方も「そうなんだ」と実感を持ってくれたのかなと思います。

井戸　年齢別に幸福度を見ると、55歳から60歳の間に急激にグラフが上がりますね。仕事でその年代の方々とお話しする機会も多いので感じてはいたのですけれど、やっぱり！　という印象です。

坂本　定年後は、仕事の負荷がちょうど良くなるんですよ。現役時代はけっこうなプレッシャーを抱えながら、一所懸命働いて稼がなきゃいけない。それに比べるとストレスもプレッシャーもなくなるので、心地よく働かれている方が多いんですよね。労働時間が短くなるから、その分を趣味の時間や地域の活動に充《あ》てたりして、暮らし時間がいい感じのポートフォリオになるのかなと思います。

井戸　暮らし時間のポートフォリオ、確かに！　つまりワークライフバランスがすごく良くなるということですね。人生の役割が自分軸に変わっていくタイミングでもあります。子どものためとか、家族のためとか、そうした役割が外れる時期と重なるのかな、と思います。

坂本　そうだと思います。現役時代は家族のために、子どものためにと、一所懸命頑張って働かれていたと思うんです。つまり、それだけの責任を負っていたわけで、かなりの負荷を抱えていたわけです。それが外れて、背負っているものが本当に軽くなるから、仕事の満足度もそうですし、人生全体の満足度が一気に上がるのだと思います。

老後資金はいくら必要かわからないから不安になる

井戸　老後資金2000万円問題が話題になって、老後費用を賄《まかな》いきれるか不安だという人が多いんですけど、あれは月に5万5000円不足するという想定から出された数字なんですね。だけど、人それぞれ収入も支出も違うし、もらえる年金の額だって違うのだから、自分のケースで1回計算してみて、もし5万円足りなかったら、5万円分だけ働けばいいいだけなんです。もちろん、病気などで働けなくなった時のために個人年金に入ったり、蓄えを持つなど、事前の段取りも大事です。足りるのか、足りないのか、足りないならいくら必要なのか。目安を立てないから不安になるんだと思います。

坂本　井戸さんと全く同じ意見です。やっぱり、わからないから不安になるんですよね。例えば90歳まで生きるとして、どのくらいの生活費がかかるのか、どのくらい稼ぐ必要があるのか、そういったことを逆算して考える必要があると思うんですよ。あるいは、どの時点でどれくらいお金を貯めればいいのか、なども。そういったことは個々人で全然違うので、豊かな生活を送りたければたくさんの貯蓄が必要ですし、年金の給付額も関係してきますし、一人ひとりシミュレーションして、働き方を考える必要があると思います。

井戸　おっしゃる通りで、皆さん不安だって言うわりに何もしないんですよ（笑）。公的年金シミュレーターはこれからの働き方も考えられるので、すごく楽しい。スマホで簡単にできるのにしてなかったり。知る方法はいくらでもあるのに、情報を取りにいこうとしない人が多いですね。そこへもってきて、物価高で老後資金が目減りするから投資をしようとか、そういう安易な考え、発想につなげちゃう。坂本さんもご著書で書かれていますが、定年後の支出ってずいぶん減るんです。それを現役時代の感覚で想像しちゃうから、発想が悪い方向にいってしまう。不安に駆られてやみくもに退職金を投資に一括《いっかつ》でつぎ込こもうとするとか、そういう行動に走るのはものすごく危険ですね。

定年後の仕事への心構えは早めに持つと良い

坂本　やっぱり、長く働くことを大前提に考えておく必要があると思います。これまでは企業の中で、一所懸命に働いて出世して、ある程度の役職に就いて、定年まで働いておしまい、という時代でしたけれど、これからは良くも悪くもそうはいかない。定年後も長く働き続けるのが当たり前の時代だと認識する必要があります。あとは多様な仕事があることにも目を向けてほしいですね。高年齢の方は本当にいろんな仕事で働かれています。定年後は、いろいろな仕事に目を向けながら、自分に合う仕事を探していってほしいですね。

早くから意識して準備したいという方で、定年後も高い報酬を得て働きたい場合、ある程度専門性を身に付けておいたほうがいいでしょう。営業しかり、経理や会計もしかり、自分のスキルをアップデートしつつ、専門性を磨きながら仕事をしていってほしいですね。

井戸　もう一度、自分の専門知識をアップデートしたり、新しい知識を身に付けるのは、いつ始めても遅くないです。雇用保険の給付金やリスキリング制度など、キャリアアップにつながる仕組みはいろいろあるので、会社にいる現役時代に吸収するチャンスを持つといいですね。ただ会社へ行って業務をこなすだけじゃなくて、制度を使って働きながら自分のスキルを磨く。定年後に一個人として「売れる自分」をつくっておくのも長く働くための秘訣です。これから定年を迎えて、仕事をしていこうという人、まずは年上だから自分が上だという意識は捨ててほしいですね。違う世代の人と関わっていると、役立つ情報をもらえたり、多様な仕事があることを教えてもらったり、いろいろな気付きがあります。その気付きから新しいことをスタートする気力を得ることができるようになります。定年後も気力・体力をしっかり維持して、60代の黄金の人生ポートフォリオを謳歌《おうか》していただきたいですね。

第1章

定年後の暮らしのリアル

定年後は仕事に従事するにしても、
残業や休日出勤があることは稀《まれ》となる。
家族や子どものために時間を費やした定年後世代が
どんな暮らしをし、何に生きがいを感じるのか。
グループ活動やインターネットとの関わりが
幸せ度アップにもつながっている実態を見ていく。

75歳以上で運動習慣のある人は男性の約半数

２０００年にＷＨＯ(世界保健機関)が健康上の問題で日常生活が制限されることなく生活できる期間「健康寿命」を提唱して以来、寿命を延ばすだけではなく、健康に生活できる期間を延ばすかが注目されています。世界一の長寿国の日本にとって、病気になったり、介護が必要になる時期を遅らせ、健康寿命をいかに延ばすかが課題となっています。そのためには運動を習慣的に行い、健康でいられる期間を延ばすための行動が重要なカギとなります。

❖健康寿命が男女ともに延びている

厚生労働省の調査によると日本人の平均寿命は１９５５年以降右肩上がりに延び続けています。１９５５年時点での平均寿命は男性63・30歳、女性67・75歳といずれも60歳台でした。２０１９年の平均寿命は男女ともに80歳を超えており、65年間で17〜20年間ほど平均寿命は延びています。

平均寿命が上昇を続ける中、健康寿命はさらに大きな延びを続けています。健康寿命は２０１９年時点で、男性が72・68年、女性が75・38年となっており、それぞれ２００７年の調査と比較して男性は２・25年、女性は２・02

運動の習慣化により健康寿命が延びている

●健康と平均寿命の推移

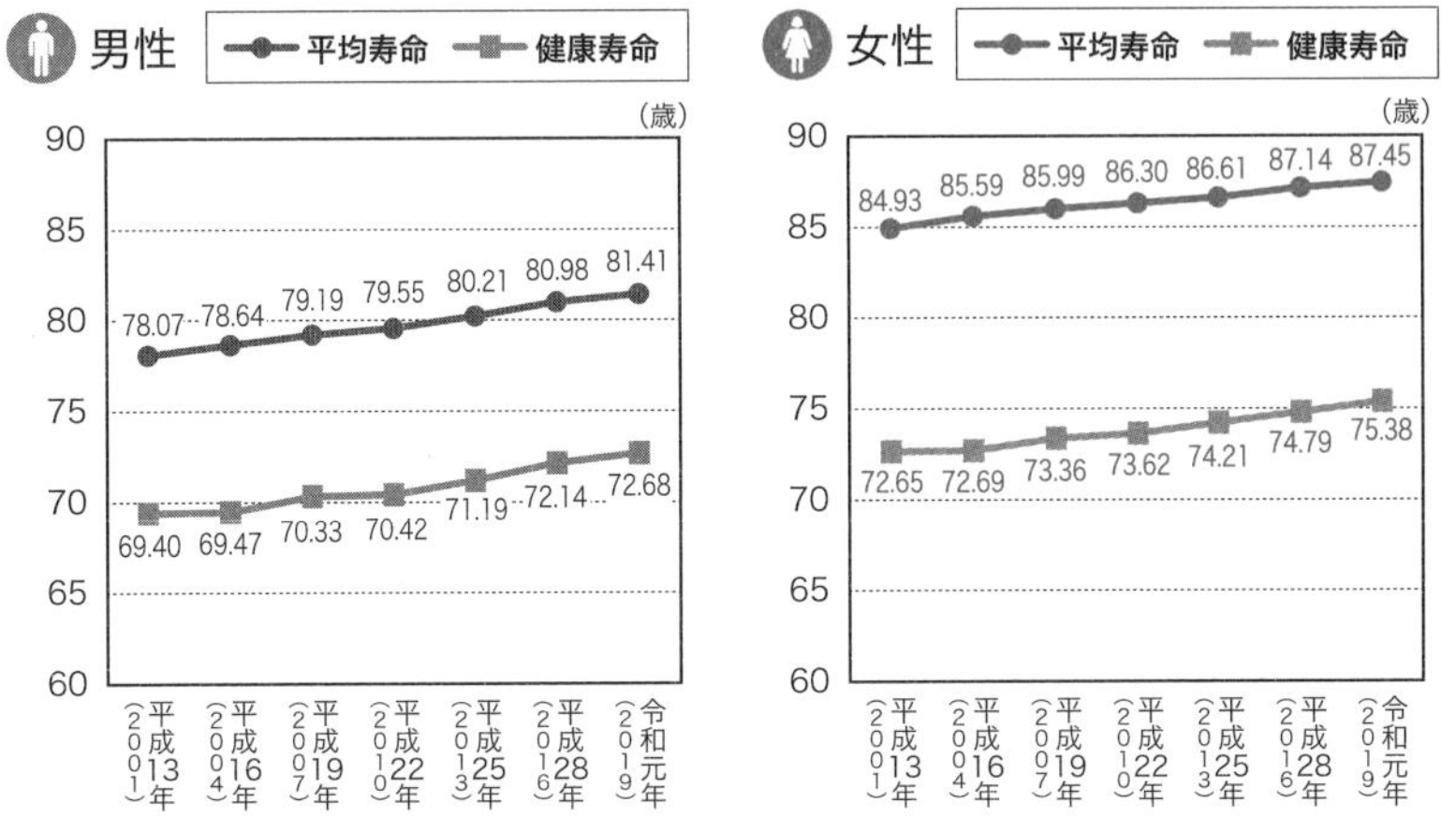

●65歳以上の運動習慣者の割合

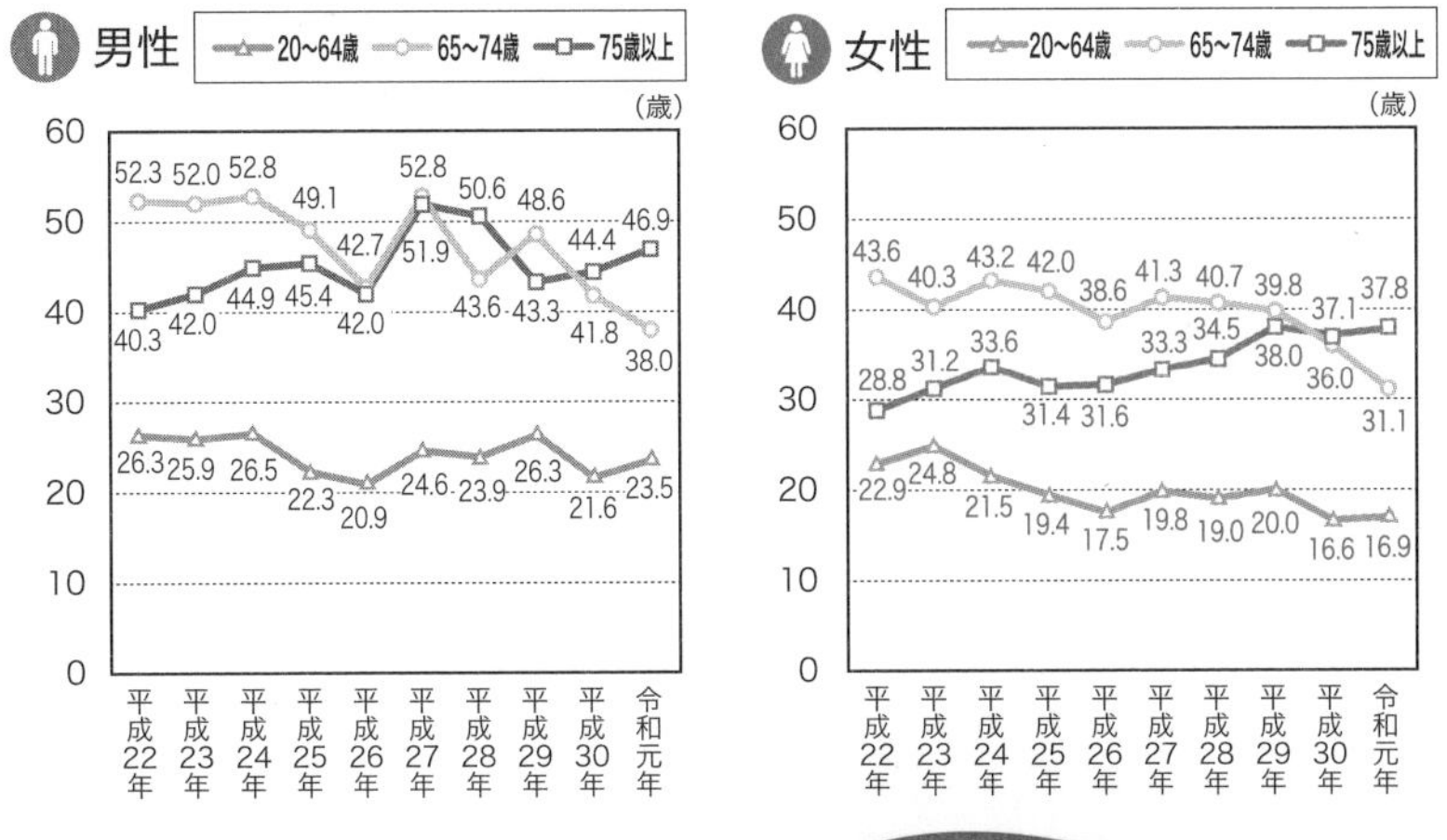

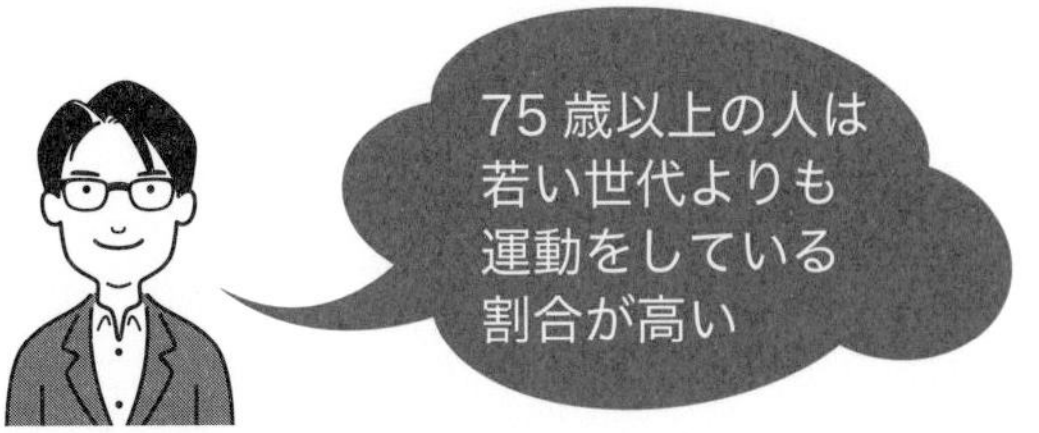

出典：平均寿命：平成13・16・19・25・28・令和元年は、厚生労働省「簡易生命表」、平成22年は「完全生命表」
健康寿命：厚生労働省「第16回健康日本21（第二次）推進専門委員会資料」
運動習慣者の割合：厚生労働省「国民健康・栄養調査」

年延びています。さらに同期間における健康寿命の延びは、平均寿命の延び（２００６年↓２０１９年：男性１・86年、女性１・15年）を上回っています。健康寿命が延伸している要因として、健康への意識の高まりが挙げられます。Ｐ25の下図「65歳以上の運動習慣者の割合」を見てみると、65〜74歳で男性38・０％、女性31・１％、75歳以上で男性46・９％、女性37・８％と、年齢が上がるにつれて高くなっているのがわかります。

❖運動習慣者の割合の高さとともに体力も向上

Ｐ25の図では65歳以上は20〜64歳の若い層よりも、運動を習慣的にする人の割合が高く、高齢期になると、若い時よりも意識的に運動をする人が増えています。

運動を習慣化する人の増加は体力テストの結果にも表

65歳以上の体力が向上している！

●新体力テストの合計点

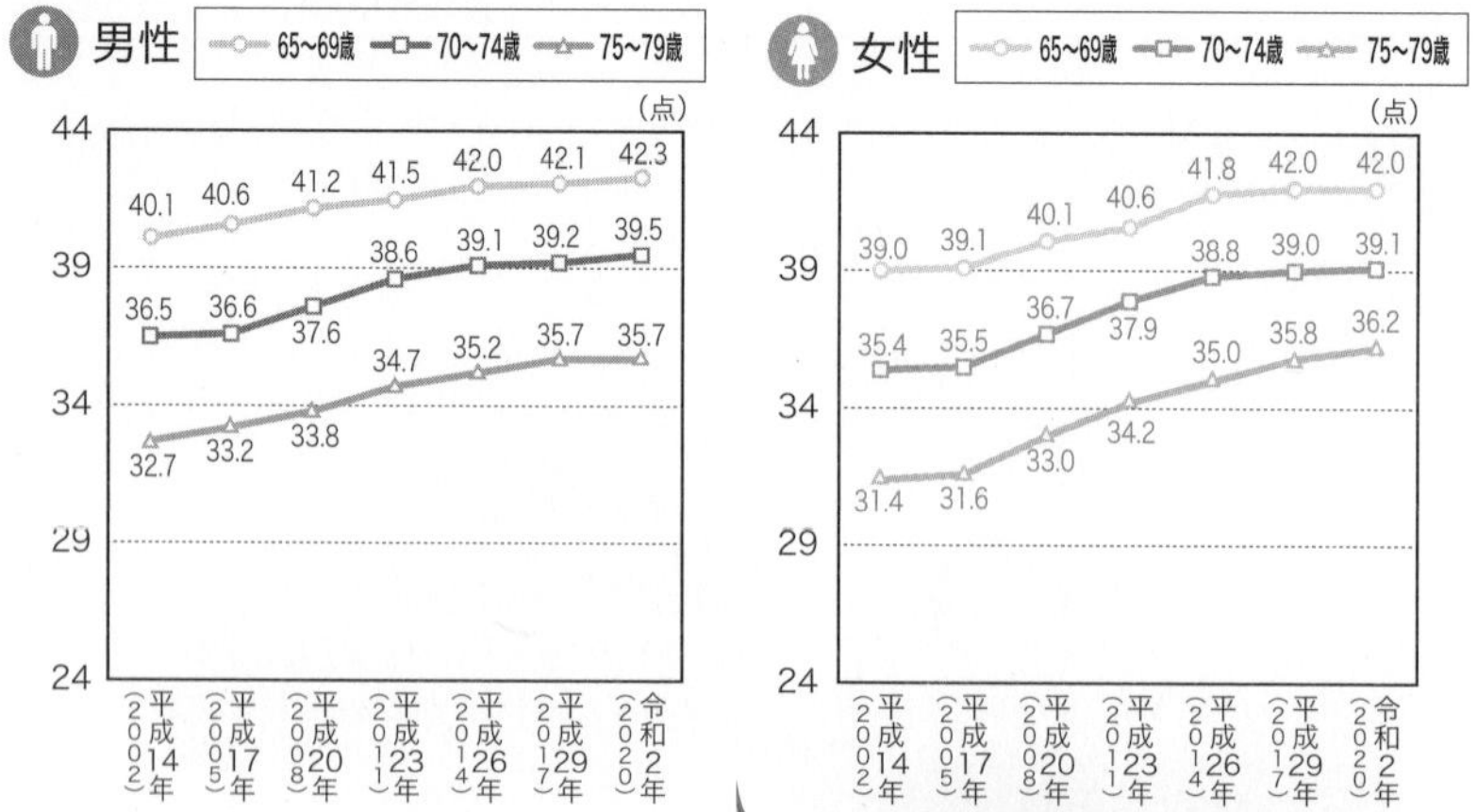

運動習慣は体力向上にもつながっています

出典：スポーツ庁「体力・運動能力調査」

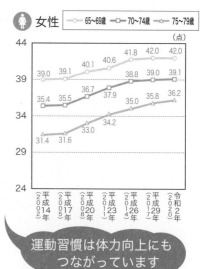

れています。右図のデータを見てみると、男女ともに２０２０年度の65〜69歳、70〜74歳、75〜79歳の各年齢層で新体力テスト（握力、上体起こし、長座体前屈、開眼片足立ち、10m障害物歩行、６分間歩行）の合計点は上昇を続けており、２０１１年の調査と比較しても合計点を上回っています。

❖無理のない範囲で手軽にできる運動を日常に取り入れている

厚生労働省「健康づくりのための身体活動基準２０１３」では、65歳以上の身体活動量の目安として、強度を問わず毎日40分以上の身体活動を行うことが推奨されています。

大和ネクスト銀行が60歳から79歳の男女を対象に行った「シニアのスポーツと日帰りレジャーに関する調査」によると、まずスポーツ、運動をする理由として、8割以上の人が「健康・体力づくりのため」と答えています。また日ごろ行っているスポーツの第1位はウォーキングで、全体の7割以上を占めています。次いで2位ゴルフ、3位ヨガ・ストレッチが続きます。

現役時代には仕事を通じ、生活リズムが整っていた人も定年後は日常の運動量は減り、生活スタイルも変わります。無理のない範囲で手軽にできる運動を取り入れて、体力づくりに励むシニア層の姿が見えてきます。

平均寿命が延び続ける日本では、運動を習慣化し、健康寿命を延ばすことが重要になります。

親しい友人がたくさんいる人の約8割が生きがいを感じている

ライフスタイルの変化により、人間関係も変わってきます。特に定年後はいつの間にか学生時代の友達と疎遠になっていたり、気がついたら仕事関係以外に親しい人がいなくなっていた……というケースもあります。定年後は人との付き合い方は、「生きがい」にも影響を及ぼす結果も出ています。

❖65歳以上の約8割が「会えば挨拶をする」近所付き合いをしている

職場の付き合いが少なくなる定年後は、行動範囲はグッと狭くなります。そんな中重要度が増すのが、これまでになかった近所付き合いです。60歳以上の男女を対象にした内閣府が行った「高齢者の日常生活・地域社会への参加に関する調査」の「近所の人との付き合い方」を見てみると、近所の人との付き合い方について、男女ともに65歳以上、65～74歳、75歳以上のすべての層で約8割の人が「会えば挨拶をする」と最も高くなっています。次いで「外でちょっと立ち話をする」「物をあげたりもらったりする」と回答した人が男女ともに高くなっています。また男性よりも女性のほうが「外でちょっと立ち話をする」「物をあげたりもらったりする」などと回答した人の割合が高く

近所付き合いをしている人ほど「生きがい」を感じる

●近所の人との付き合い方（複数回答）（年齢・性別）

		会えば挨拶をする	外でちょっと立ち話をする	物をあげたりもらったりする	相談ごとがあった時、相談したり、相談されたりする	お茶や食事を一緒にする	趣味をともにする	病気の時に助け合う	家事やちょっとした用事をしたり、してもらったりする	その他	不明・無回答
65歳以上	全体(n=2,049)	82.8	57.3	50.8	20.3	16.8	15.1	7.5	7.3	2.9	0.7
	男性(n=984)	83.9	50.9	46.2	17.2	10.1	14.5	6.0	7.3	2.0	0.4
	女性(n=1,065)	81.7	63.2	54.9	23.2	23.1	15.7	8.9	7.2	3.8	1.0
65～74歳	男性(n=565)	86.0	49.0	43.4	12.6	6.2	10.6	3.4	5.5	1.8	0.2
	女性(n=545)	84.2	68.4	54.7	21.3	22.6	12.3	6.6	3.5	1.8	0.2
75歳以上	男性(n=419)	81.1	53.5	50.1	23.4	15.3	19.8	9.5	9.8	2.4	0.7
	女性(n=520)	79.0	57.7	55.2	25.2	23.7	19.2	11.3	11.2	5.8	1.9

●生きがいを感じる程度について（近所の人との付き合い方別）

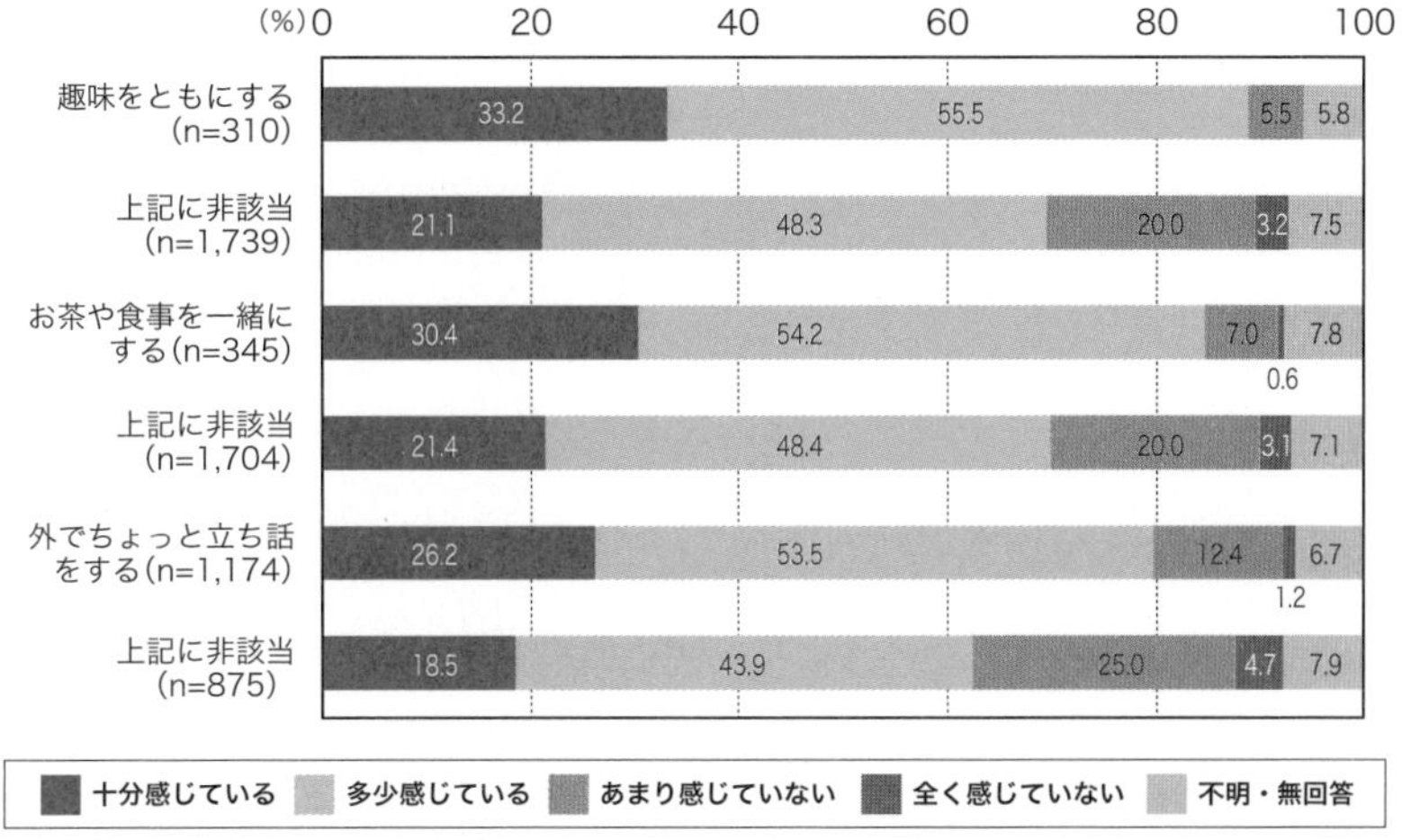

出典：内閣府「令和4年版高齢社会白書」

なっています。一方、「お茶や食事を一緒にする」「趣味をともにする」など深い付き合いをする人は、ほとんどの層で1割〜2割で、かつ女性のほうがやや高くなっています。

「病気の時に助け合う」と答えた人は75歳以上が最も多くなり、年齢とともに病気やケガのリスクは高まりますが、それに伴い近所同士の付き合いは密接になり、いざという時に助け合いを求める人も多くなります。

❖近所との付き合い方は「生きがい」にも反映される

近所の人との付き合い方は「生きがい」にも影響を及ぼします。生きがいを感じる程度について、「十分感じる」と回答した人は「趣味をともにする」など付き合い方が深い人が最も高くなっています。ただ「外でちょっと話をする」程度の付き合いの人でも、26・2

親しい友人がいる人ほど「生きがい」への満足度は高い

●生きがいを感じる程度について(親しくしている友人・仲間を持っている程度別)

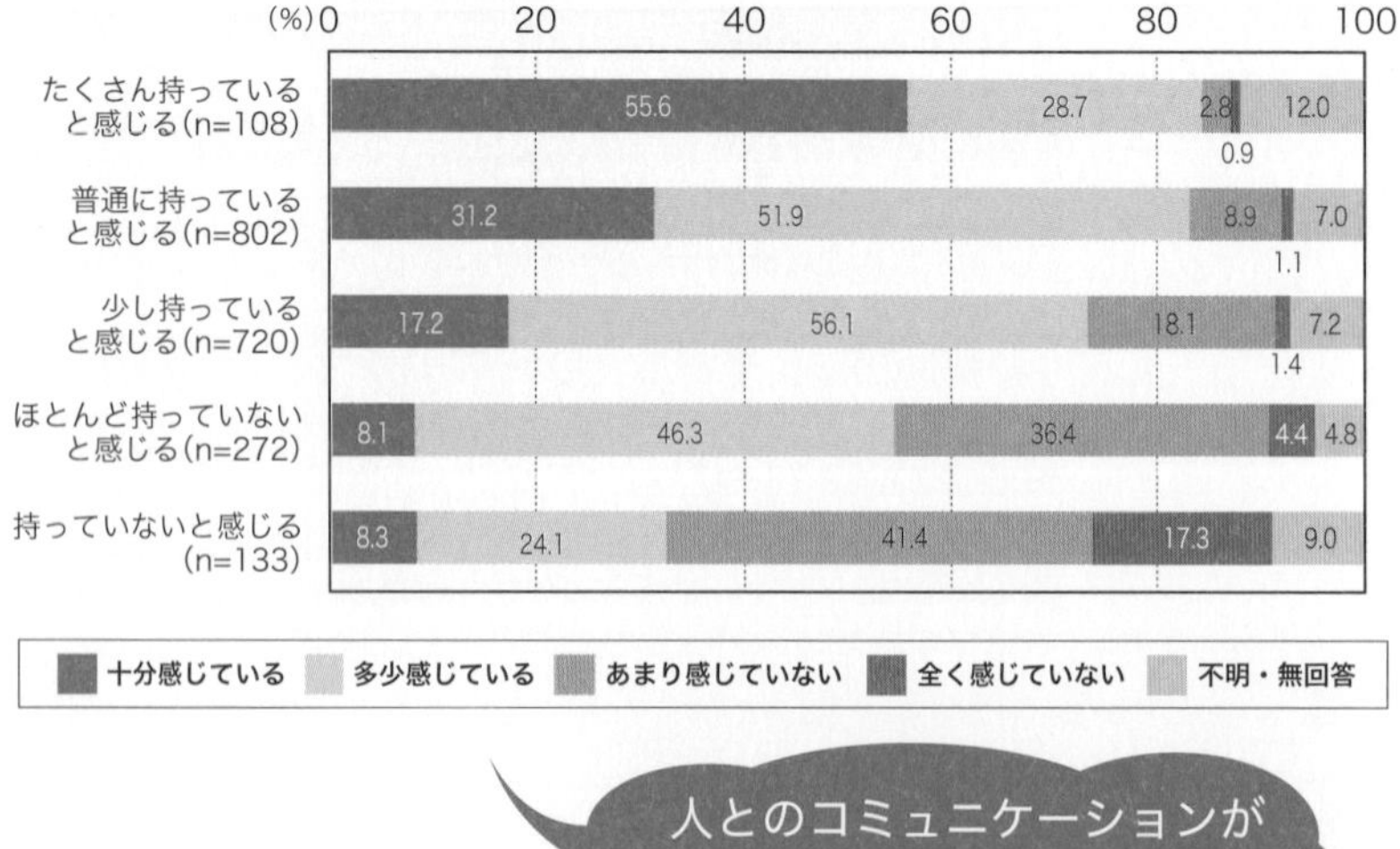

人とのコミュニケーションが生きがい度の高さに影響します

出典：内閣府「令和4年版高齢社会白書」

%が「十分感じる」と答えています。いずれもこうした付き合いをしていない人に比べて、生きがいを感じる程度は高くなっています。外でちょっと話をする程度の短時間でも人とコミュニケーションを取るだけでも、日常生活に生きがいを感じるには有効だということがわかります。

❖親しい友人や仲間を持っている人ほど生きがいを感じている

近所の人との付き合い以外の交流関係については、同調査で親しくしている友人や仲間についての調査も行っており、65歳以上の約8割が「持っている」と回答。近所の人との付き合い同様、親しい友人付き合いは「生きがい」にも関係します。親しくしている友人・仲間を持っている人が、生きがいを感じる程度についての調査では、「たくさん持っていると感じる」と回答した人ほど「生きがいを十分感じる」と回答した人の割合が高くなります。

定年後は住まいの周辺が主な行動範囲となります。「世界が狭くなった」と思う人もいるかもしれません。ですが、これまであまり関わりのなかった近所の人と適度な距離感で交流することで、生きがいのある生活を過ごすことができます。

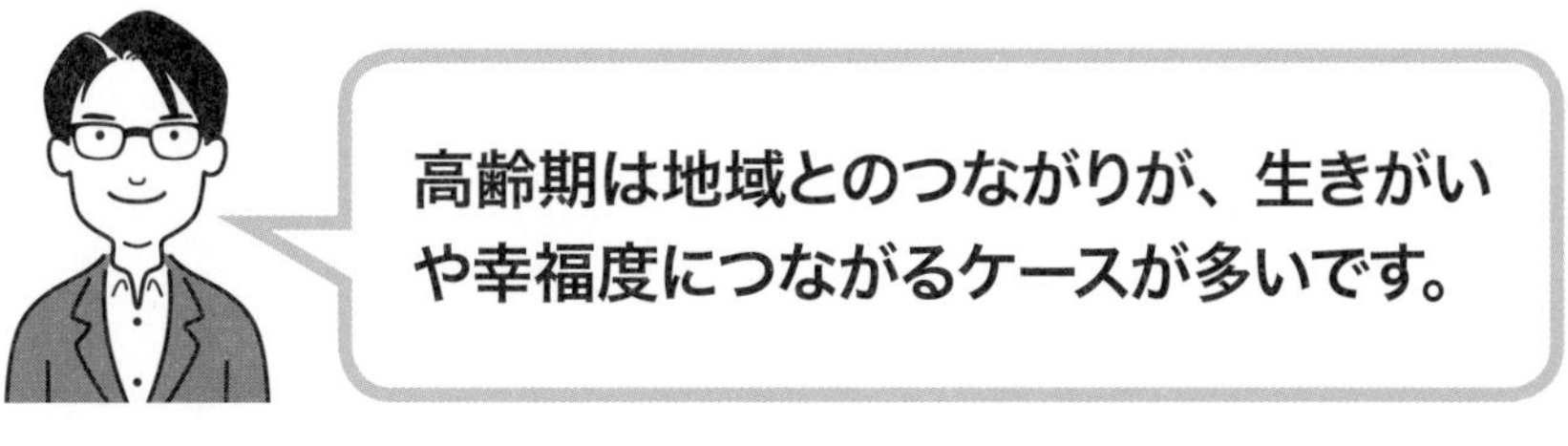
高齢期は地域とのつながりが、生きがいや幸福度につながるケースが多いです。

65歳以上の人の約4人に1人がネットで情報収集や買い物をしている

現代では、パソコン、スマートフォン、タブレット端末といった情報機器を通じてインターネットや電子メールを利用することが日常生活において欠かせないものとなっています。一方で、シニア層の場合、いまだに情報機器を利用していないという人も少なくありません。そこで、65歳以上の人の情報機器の利用の実態について、見ていきましょう。

❖シニア層にはいまだに情報機器を使わない人も少なくない

左上図はシニア層の情報機器の利用内容を示したものです。これを見ると、65歳以上の人の23・7%が「インターネットで情報を集めたり、ショッピングをする」と回答しており、約4人に1人がインターネットを通じて日常的に情報収集や買い物をしていることがわかります。しかし、これは裏を返せば、65歳以上の約4人に3人はそうではないということです。

また、「SNS（Facebook、Twitter、LINE、Instagramなど）を利用する」と回答した人は13・1%、「パソコ

インターネットを利用する人の方が「生きがい」を感じている

●情報機器の利用内容（複数回答）（年齢・性別）

		インターネットで情報を集めたり、ショッピングをする	SNS(Facebook、Twitter、LINE、Instagramなど)を利用する	パソコンの電子メールで家族・友人などと連絡をとる	情報機器を使わない
65歳以上	全体(n=2,049)	**23.7**	**13.1**	**12.2**	**17.0**
	男性(n=984)	32.9	15.7	18.1	15.5
	女性(n=1,065)	15.1	10.8	6.9	18.4
65〜74歳	男性(n=565)	44.2	21.6	22.3	8.5
	女性(n=545)	24.0	15.8	9.7	7.5
75歳以上	男性(n=419)	17.7	7.6	12.4	25.1
	女性(n=520)	5.8	5.6	3.8	29.8

出典：内閣府「令和4年版高齢社会白書」

※「情報機器の利用内容」の項目は、上記表左３つの項目の他、「携帯電話・スマホで家族・友人などと連絡をとる」「ホームページやブログへの書き込みまたは解説・更新をする」「ネットバンキングや金融取引（証券・保険取引など）をする」「国や行政の手続きをインターネットで行う（電子政府・電子自治体）」であり、「情報機器を使わない」とは、これらのいずれも該当しない人をいう。

●生きがいを感じる程度について（情報機器の利用内容）

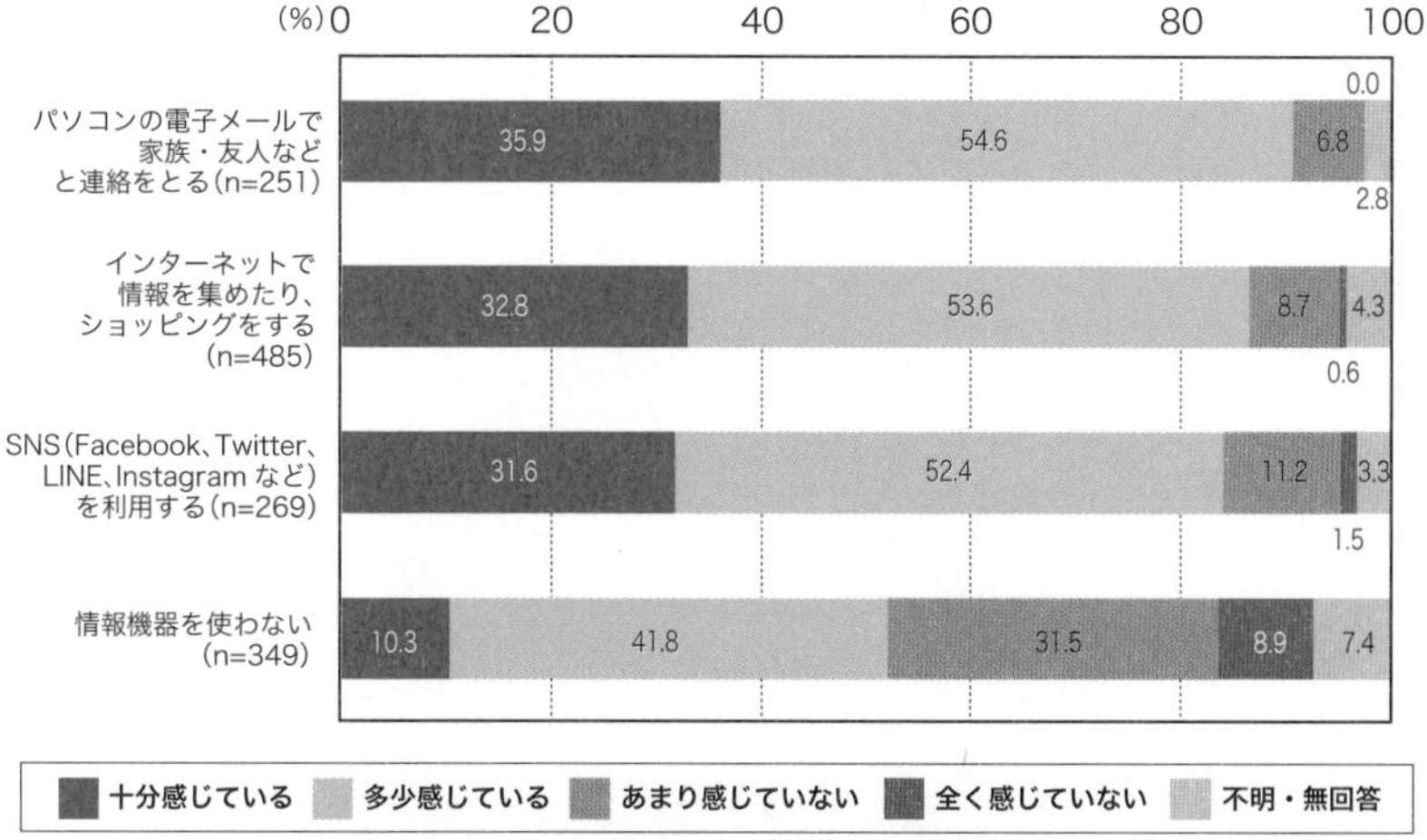

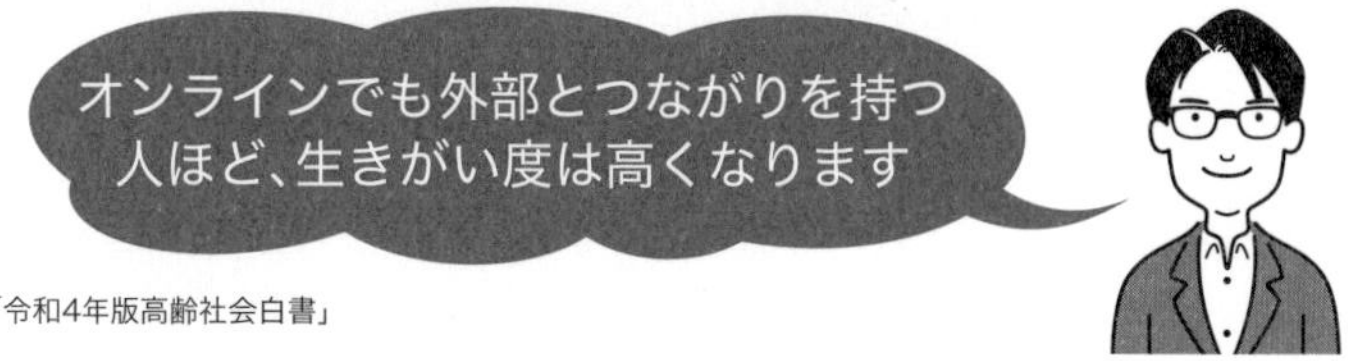

出典：内閣府「令和4年版高齢社会白書」

ンの電子メール」と回答した人は12・2%と割合がさらに低下し、「情報機器を使わない」と回答した人の17・0%を下回っています。これらのデータから、情報機器はいまだシニア層に幅広く普及しているわけではないという事実を読み取ることができます。

❖情報機器の利用で生きがいがアップする

65歳以上の人の中には、「これまで情報機器なしでも豊かに暮らしてきたのだから、いまさらインターネットやメールに頼らずとも幸せに生きていける」と考える人も少なくないでしょう。しかし、P33の下図を見ると、必ずしもそうとは言い切れないことがわかります。

P33の下図は、情報機器の利用内容別に生きがいを感じる程度を表したものです。これを見ると、生きが

利用者の半数が毎日利用している

●インターネットの使用頻度(65歳以上のインターネット利用者)

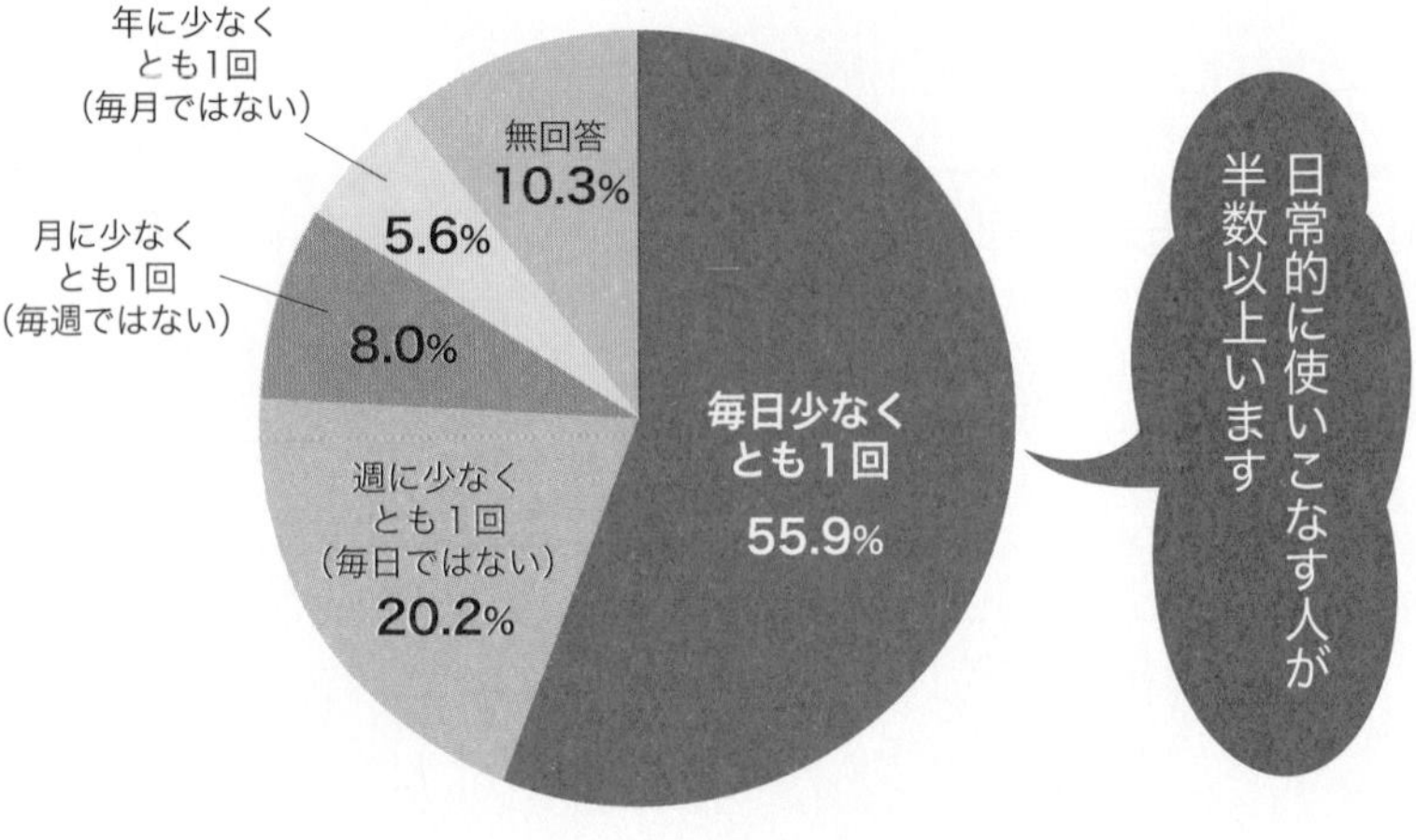

出典：総務省「令和2年通信利用動向調査」

いを「十分感じている」と回答した人の割合は、「情報機器を使わない」と回答した人が10・3%であるのに比べて、「パソコンの電子メールで家族・友人などと連絡をとる」「インターネットで情報を集めたり、ショッピングをする」「SNS（Facebook、Twitter、LINE、Instagramなど）を利用する」と回答した人はいずれも3割超でした。これらのデータからうかがえるのは、情報機器の利用がシニア層の生きがいに寄与しているということです。

これまで情報機器に触れてこなかった人が、65歳を過ぎてから新たにパソコンやスマートフォンの利用を始めることは非常に億劫《おっくう》なことかもしれません。しかし、インターネットを活用すれば、足腰の調子が悪くても家にいたままでショッピングを楽しむことができます。電子メールを活用すれば、家族や友人、知人たちといつでも気軽に連絡を取り合うことも可能です。また、SNSを活用すれば、共通の趣味や価値観を持つ新たな知り合いと出会うことができるかもしれません。

インターネットを利用する人は日常的に使いこなしている

右ページの図は、65歳以上のインターネット利用者の使用頻度についての結果です。半数以上が「毎日少なくとも1回」利用していると回答。65歳以上でインターネットを利用しない人もいる一方、利用する人は日常的に活用し、使いこなしていることがわかります。

高齢期は仕事やプライベートでインターネットの利用がさらに加速することでしょう。

入院は60歳を過ぎると上昇、通院は75～84歳がピーク

「血圧が高く、内科で降圧剤を毎月処方してもらう」「膝が痛くて整形外科に通院している」など若い時には病気やケガと無縁だった人も年齢とともに病気やケガのリスクが高まり、医療機関を利用する機会が増えます。

平均寿命と健康寿命との差の「健康でない期間」は、健康上の問題が発生し、最も医療費がかさむ期間となります。

❖ 健康寿命を過ぎると医療費が一気にかかる

2019年の日本人の平均寿命と健康寿命を比較してみると、男性の平均寿命は81・41歳、健康寿命は72・68歳、女性の平均寿命は87・45歳、健康寿命は75・38歳、その差は男性8・73年、女性12・07年です。この期間が、自立して生活できない状態であり、医療関係者や介護士などの手を必要とし、医療費や介護費用が最もかかる期間と考えられます。

実際に年齢階級別の受療率の推移を入院、通院別に見ると、45～49歳の働き盛りは、病院を受診する人数もまだ全体的に少ないですが、年齢が上がるにつれ増えていきます。

健康寿命を過ぎる70歳以上は受療率も高くなる

●平均寿命と健康寿命の差

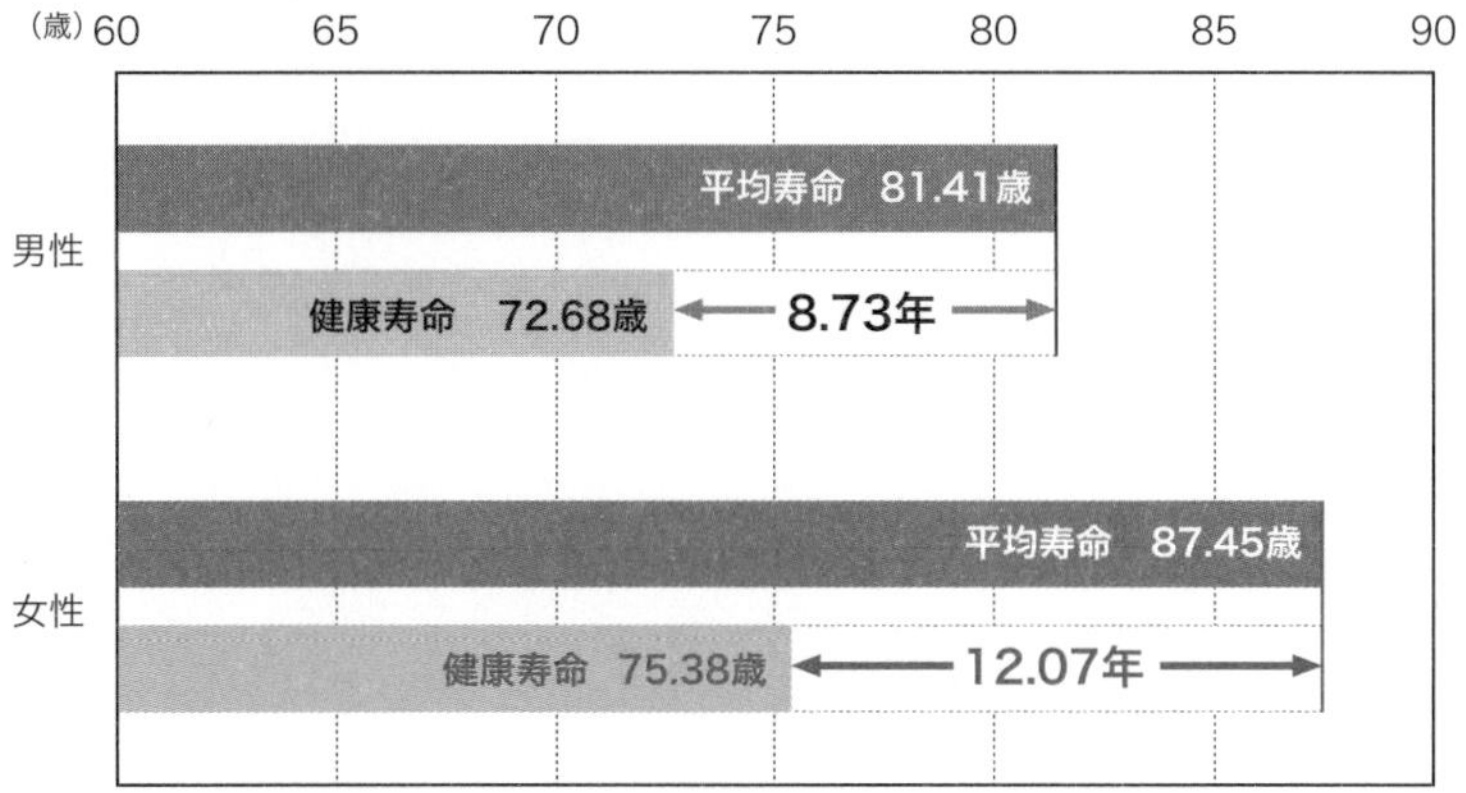

出典：平均寿命（2019（令和元）年）は、厚生労働省「簡易生命表」、健康寿命（2019（令和元）年）は、厚生労働省「第16回健康日本21（第二次）推進専門委員会資料」

●年齢階級別にみた入院・通院別の受療率(人口10万人対)

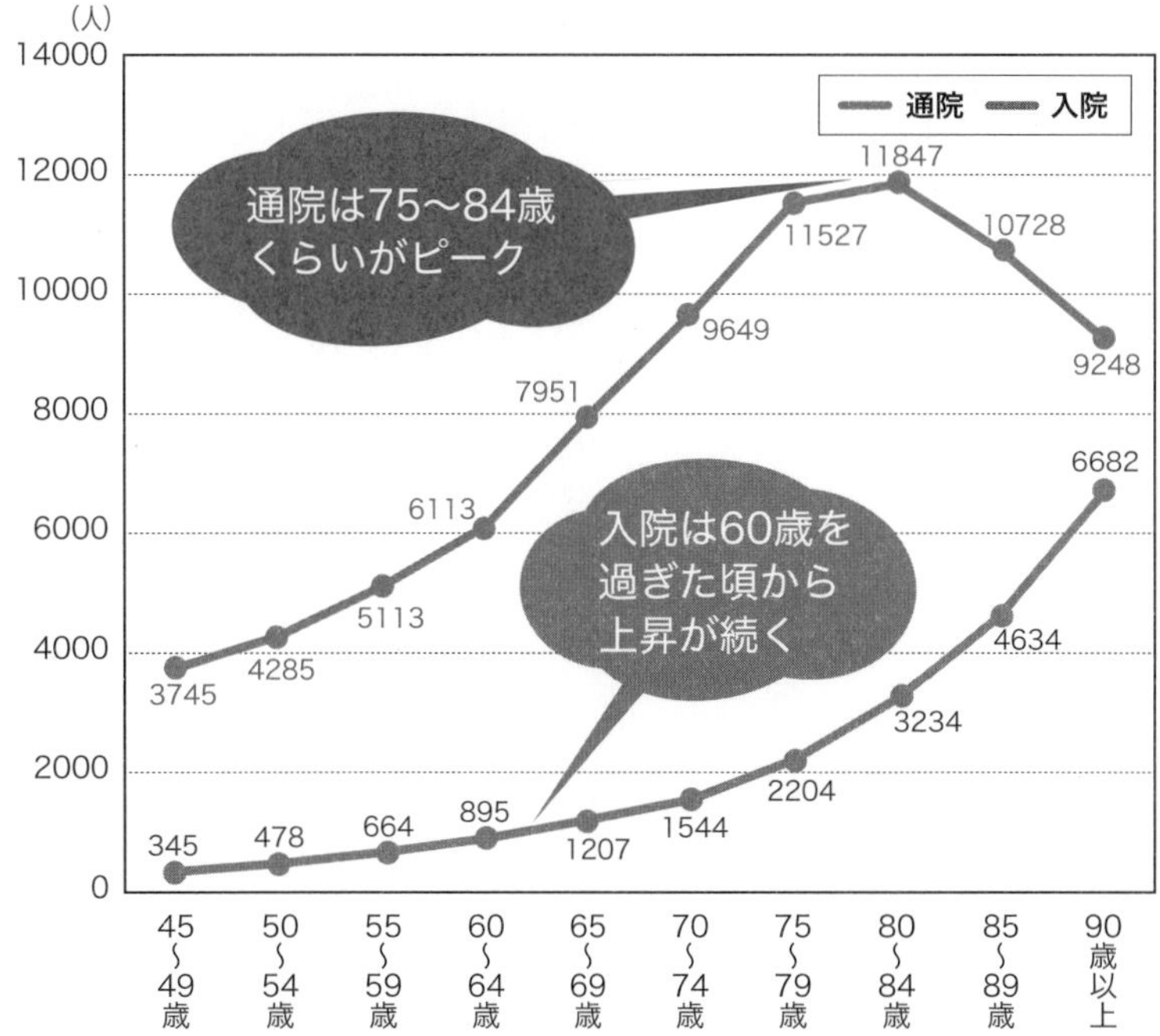

出典：厚生労働省「令和2年患者調査の概況」

入院は60歳を過ぎた頃から上昇が始まり、年齢とともに上昇は続き、通院は50代から人数が増え、緩やかに上昇が始まり、75～84歳くらいがピークとなります。

❖同じ病気でも年齢が高くなると入院日数が長くなる

近年、医療技術の進歩や国の施策により、入院日数は短くなる傾向にあります。厚生労働省の「患者調査」（2020年）によると、平均在院日数は32・3日ですが、年齢別で見ると65歳以上は40・3日、70歳以上は41・7日、75歳以上で45・0日と、年齢とともに入院日数が長くなっていくのがわかります。

例えば肺炎で入院した場合、入院日数は35～64歳は21・9日なのに対し、65歳以上では41・0日、骨折では35～64歳は21・3日なのに対し、70歳以上は47・7日と同じ傷病でも年齢が上がると入院日数は一気に長

年齢とともに入院日数は長くなる

●傷病分類別平均在院日数

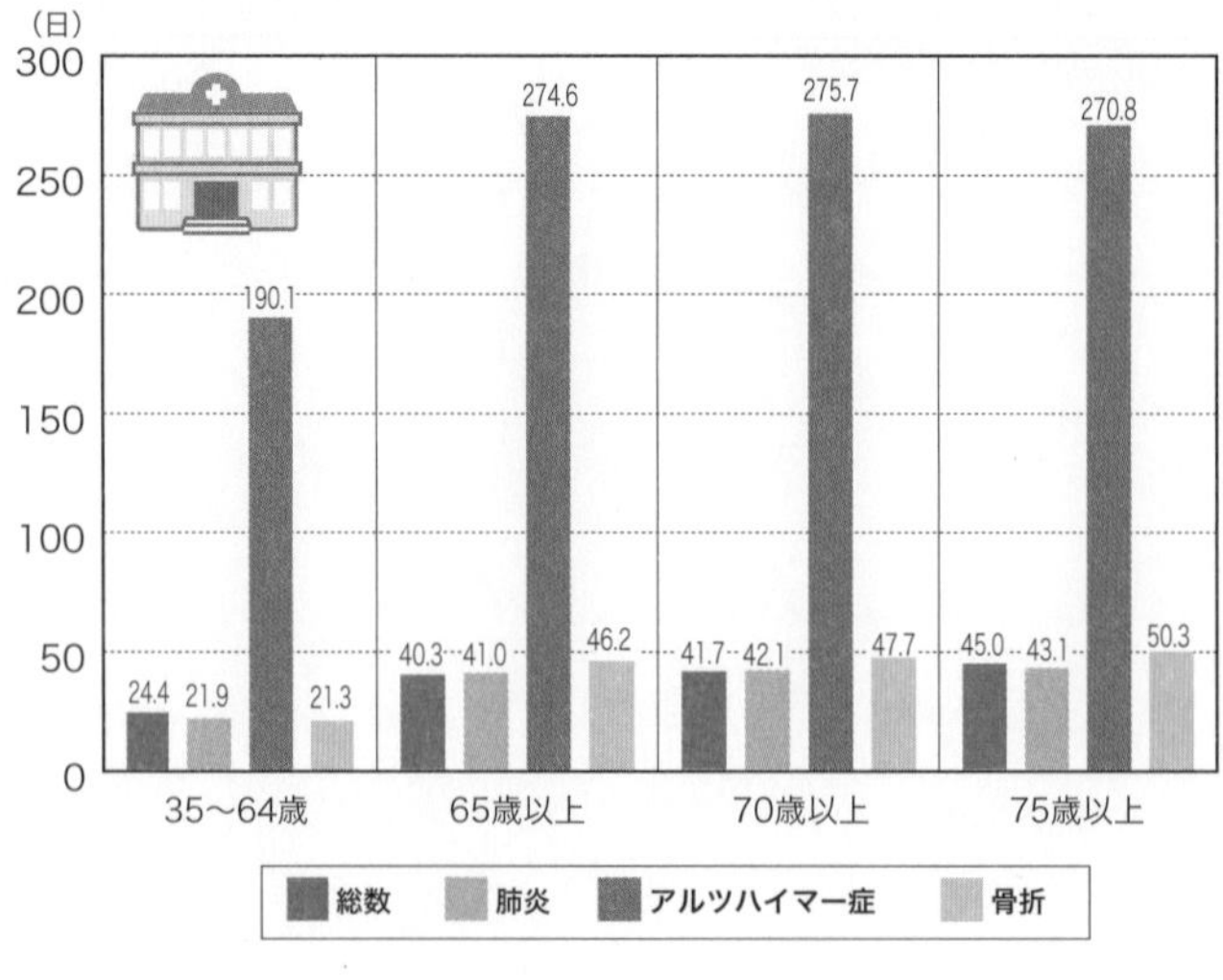

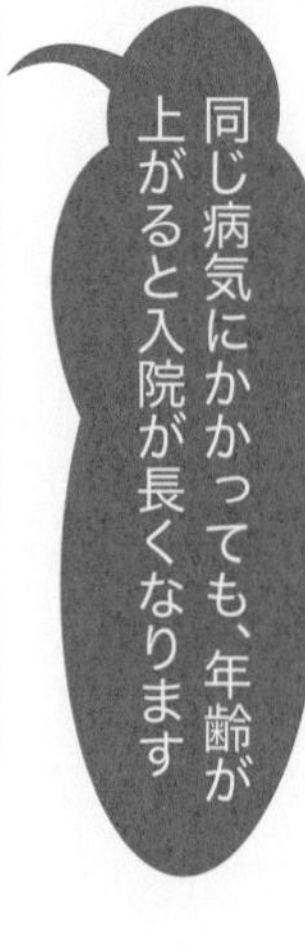

出典：厚生労働省「令和2年患者調査の概況」

くなります。

また高齢になると多くの場合、入院や介護のきっかけとなるのは認知症です。認知症は脳の病気や障害などによって起こり、認知機能が低下し日常生活全般に支障が出てくる状態を指します。その中でも多いのがアルツハイマー型認知症で、入院日数も長期化し、65歳以上で270日を超えます。2025年には65歳以上の5人に1人が認知症になると予測されており、誰にでも起こる病気として考えておく必要があります。

❖長期入院により保険診療分以外の出費が増える

医療費の自己負担は70歳から74歳までが2割（現役並み所得者は3割）、75歳以上は1割（一定以上の所得者は2割、現役並みの所得者は3割）と、現役世代よりも負担は軽くなっています。ですが、入院が長期になると、高額療養費制度により治療費は自己負担の上限額が定められているものの、保険診療分以外の差額ベッド代や食事代、公的医療保険対象外の治療費などの出費が必要となり、経済的な負担も大きくなります。

60代では元気に動けて、健康に自信がある人も、70歳以降は思いがけず医療費がかかることを想定しておくことが大切です。

70歳以降は医療費のほかに介護費用も考えておく必要があります。

介護する人の年齢は7割が60歳以上

現在、医療技術の進歩などによって日本人の平均寿命は延び続けており、今後、高齢者はさらに増加していくことが予測されます。介護者も高齢となることから、さまざまな問題が危惧《きぐ》されている中で、これからのシニア層は、介護をする側・される側の双方の視点から、介護問題に対して向き合っていく必要があるでしょう。そこで、ここからは高齢社会で生じる介護問題についてデータを基に見ていきましょう。

❖高齢の妻が高齢の夫を支えるという老老介護は少なくない

左上図は、「要介護者等から見た主な介護者」の続柄の割合を示したものです。この図を見ると、介護の担い手の54・4％が同居している人となっており、その主な内訳を見ると、配偶者が23・8％、子が20・7％、子の配偶者が7・5％となっています。また、性別については、男性が35・0％、女性が65・0％と女性が多くなっており、年齢については、男性では72・4％、女性では73・8％が60歳以上という結果となりました。

これらのデータからうかがえることは、現在もいわゆる「老老介護」が相当数存在しているということです。特に、

主に女性が介護者で「老老介護」も多い

●要介護者等から見た主な介護者

・続柄

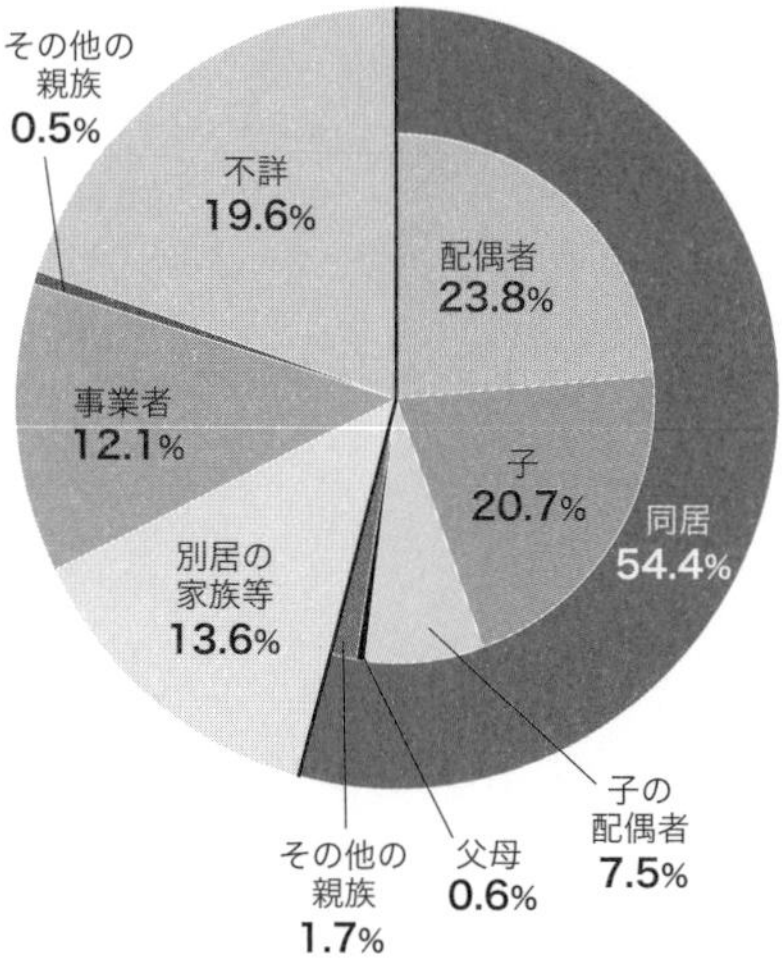

・男女比

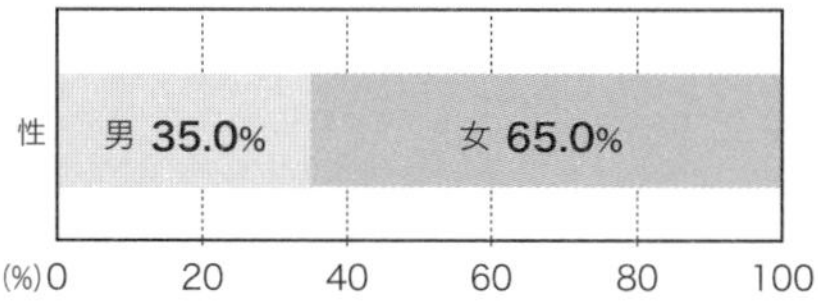

・男女別・年齢別の内訳

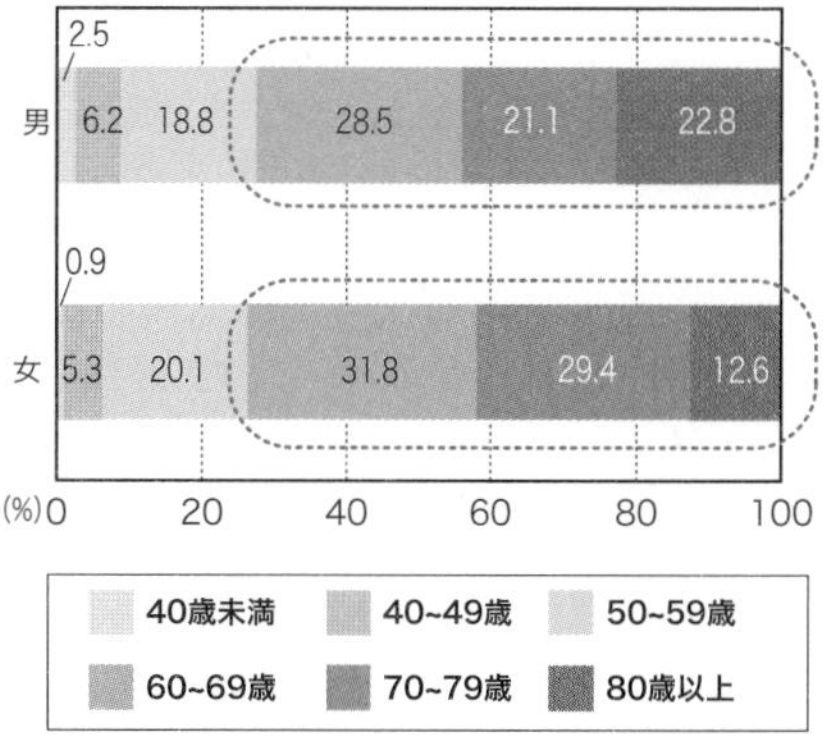

出典：厚生労働省「国民生活基礎調査」（令和元年）

●介護・看護により離職した人数

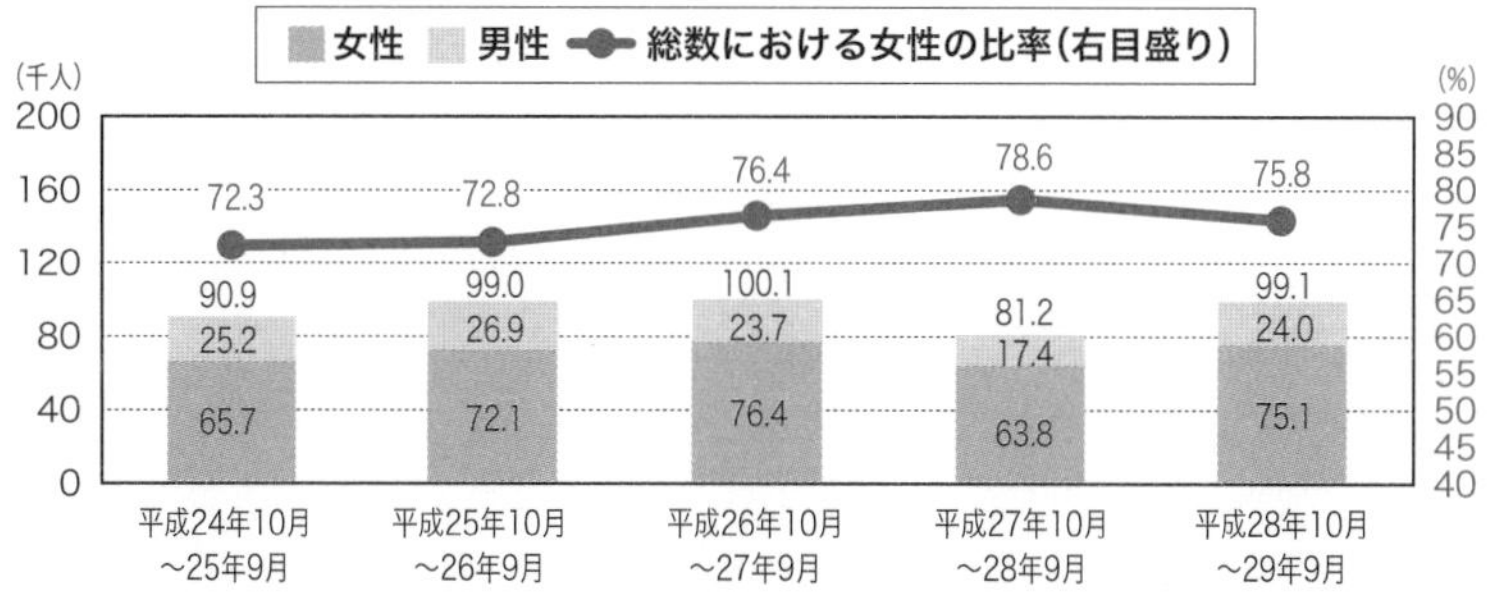

出典：総務省「就業構造基本調査」

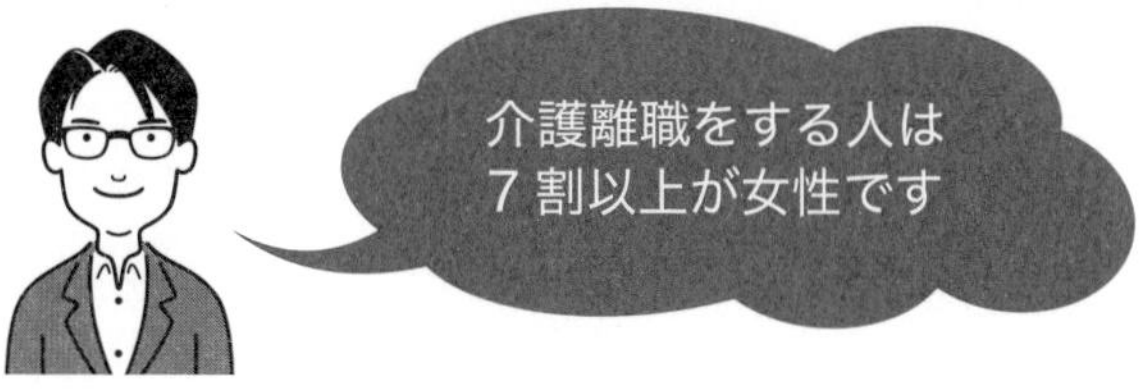

男性よりも平均寿命の長い女性が介護を担当する場合が多く、高齢の妻が高齢の夫を支えるというケースが目立ちます。

介護は身体的、精神的な負担も大きく、高齢での介護は事故につながる危険もあります。老老介護によって生活が破綻することを防ぐうえでも、あらかじめ夫婦で介護について話し合い、準備しておくことが求められます。

❖介護による離職は女性に多く見られる

介護によって離職を余儀なくされるケースも少なくありません。P41の下図は、介護や看護の理由によって離職した人の数を示したものです。この図を見ると、家族の介護や看護を理由とした離職者数は平成28年10月から平成29年9月までの1年間で約9・9万人。と

要介護・要支援認定を受ける人は年々増加している

●第１号被保険者（65歳以上）の要介護度別認定者数の推移

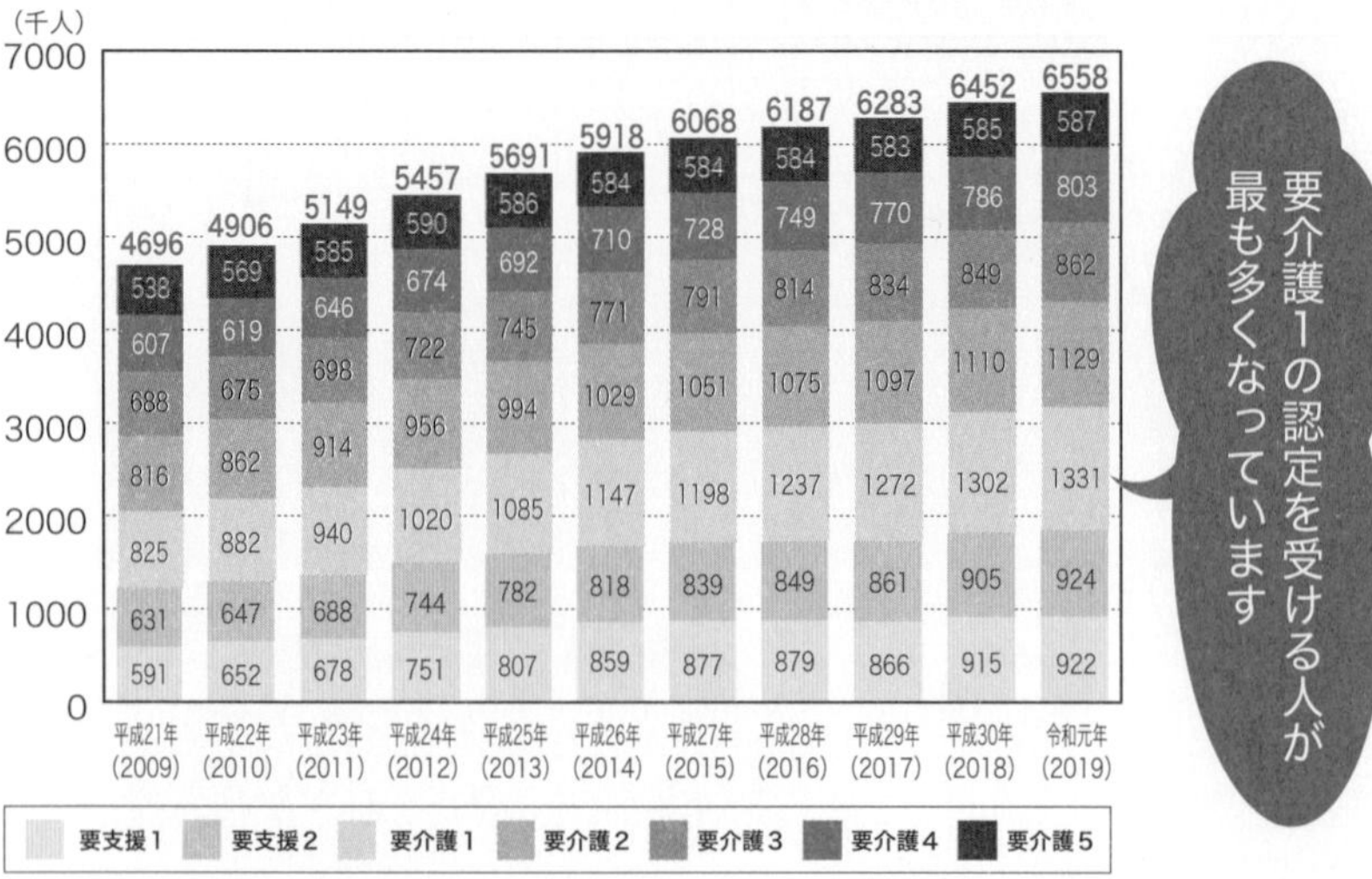

出典：厚生労働省「介護保険事業状況報告（年報）」

りわけ、女性の離職者数は約7・5万人と、全体の75・8％を占めています。

このデータからは、介護や看護を理由に離職する人は女性が多いということが読み取れます。現在では、長期化する老後生活を年金や貯蓄だけで賄うことが難しくなってきており、妻が家計を支えるために65歳を過ぎてからもパートなどで働くケースも少なくありません。そうしたケースで、夫の介護によって妻が離職せざるを得なくなってしまうと、経済的にも苦難を強いられることが予想されます。そのため、お互いが元気なうちに、夫婦間で介護に備えた資金計画をキチンと立てておくことをおすすめします。

❖介護に備えて早めに対策しておくことが大切

右図は、第1号被保険者（65歳以上）の要介護度別認定者数の推移を示したグラフです。これを見ると、介護保険制度における要介護または要支援の認定を受けた人（要介護者等）は年々増加しており、令和元年度では655・8万人と、平成21年度から比べて186・2万人も増加していることがわかります。また、要介護者等は、第1号被保険者（65歳以上）の18・4％を占めています。

60代は、介護のことなど考えていない人もいるかもしれませんが、いざ介護に直面した時に困らないためにも、早めに準備・対策をしておくことが非常に大切になります。

高齢期はある日突然介護が必要になることがあります。60歳を過ぎたら早めの準備を。

60代の3人に1人は故郷に戻っている

老後のセカンドライフを考えるうえで「移住」を考える人は少なくありません。慌ただしい都会生活から離れて落ち着いた老後生活を送りたいという人にとって、田舎への移住というプランは非常に魅力的です。また、田舎は都会に比べて生活費を抑えられるため、ゆとりのある老後を送れるというイメージもあります。そこで、ここではシニア世代の移住についてデータを基に見ていきます。

❖ セカンドライフの選択肢として移住は有力か

移住には、故郷へ戻り住むUターン、都会から地方へ移り住むIターンなどがありますが、ここでは慣れ親しんだ土地で新たな生活を始めることができるUターンに焦点を当てて見ていきましょう。

左上図は、実際にUターンした人の割合を年齢別に表したものです。これを見ると、60代男性の30%以上がUターンをしているということがわかります。これはつまり、60代男性の3人に1人がUターンして故郷に戻っているということです。

60代の約30%がUターンをしている

●年齢別Uターン割合

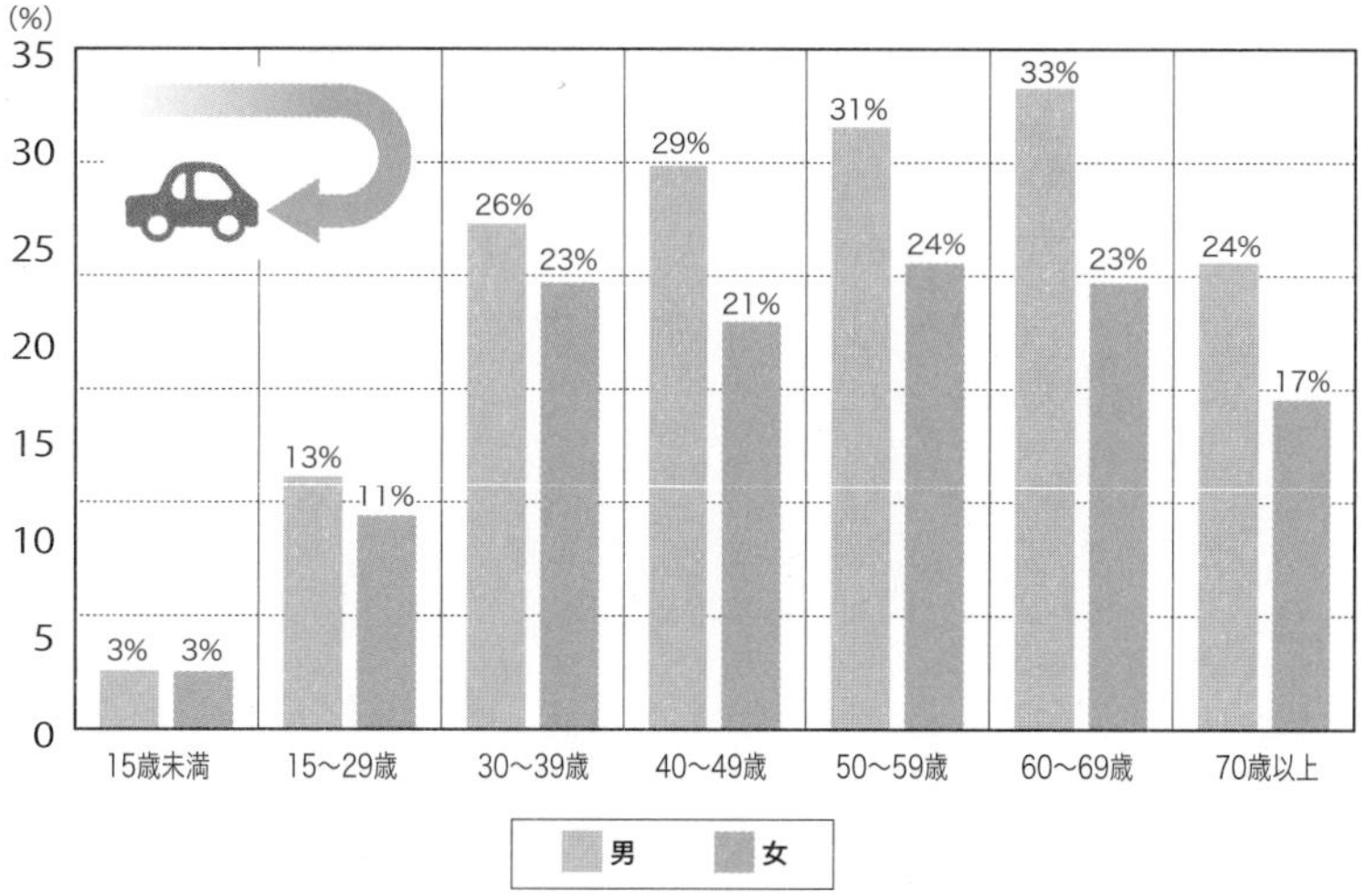

出典：国立社会保障・人口問題研究所　「2016年社会保障・人口問題基本調査　第8回人口移動調査」

●移住に最も必要な条件

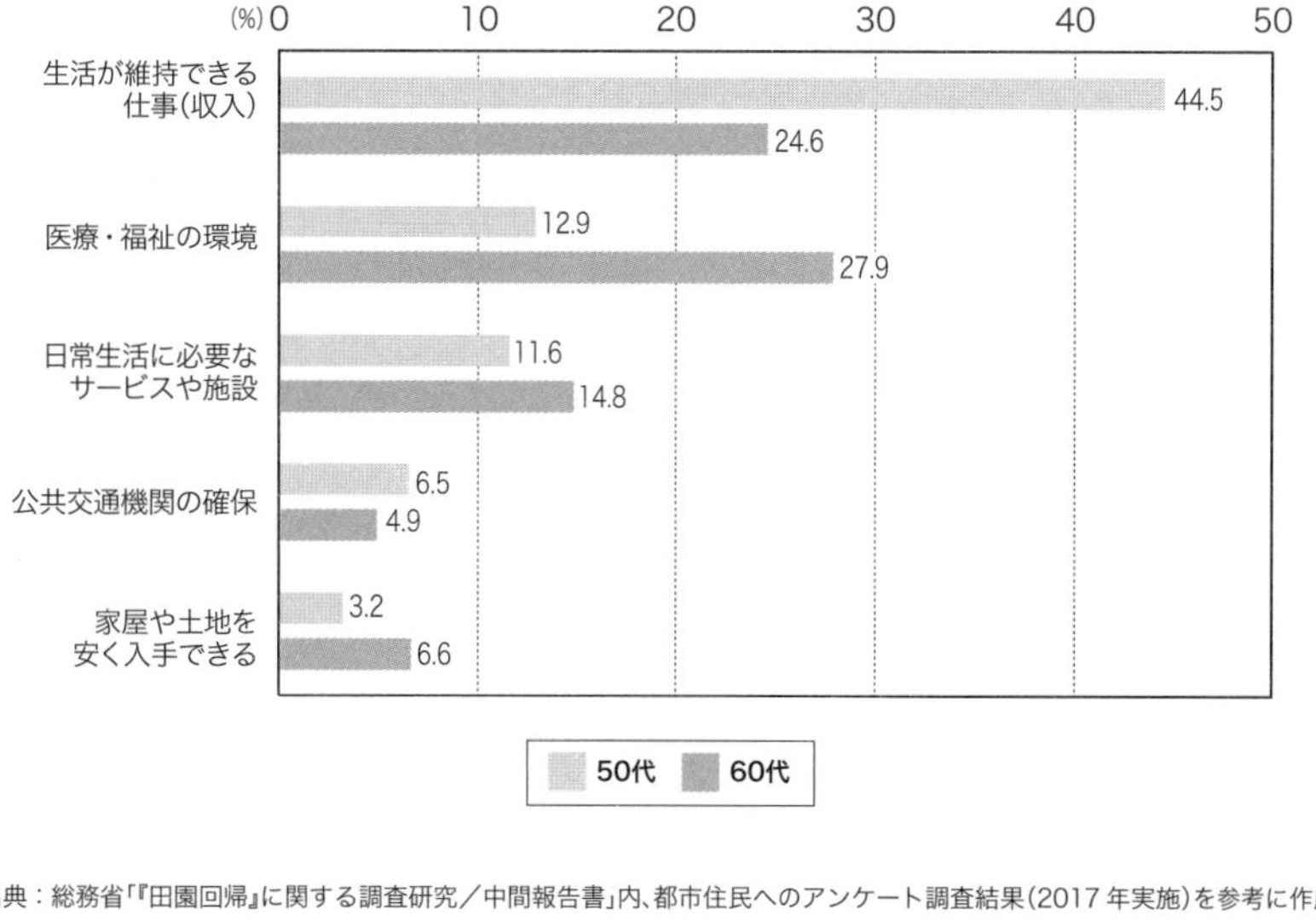

出典：総務省「『田園回帰』に関する調査研究／中間報告書」内、都市住民へのアンケート調査結果(2017年実施)を参考に作成

このように、シニア世代のUターンは決して珍しいものではなく、シニア層がセカンドライフを考えるうえでの選択肢として有力なのです。

❖シニア世代の移住希望者の中には働くことを望んでいる人も少なくない

かつては、老後の地方移住というと、悠々自適というイメージが一般的でしたが、定年後も人生100年を見据えて働き続ける人が多くなったいま、働くことを前提に移住する人も増えてきています。

前ページの下図は、総務省が地方移住希望者を対象に行った調査において「移住に最も必要な条件」を尋ねた際の結果です。

これを見ると、移住に必要な条件として「生活が維持できる仕事」を挙げた人は、60代でも24・6％に上りました。つまり、シニア世代でも約4人に1人は、

60代から農業にチャレンジする人も！

●移住先での働き方

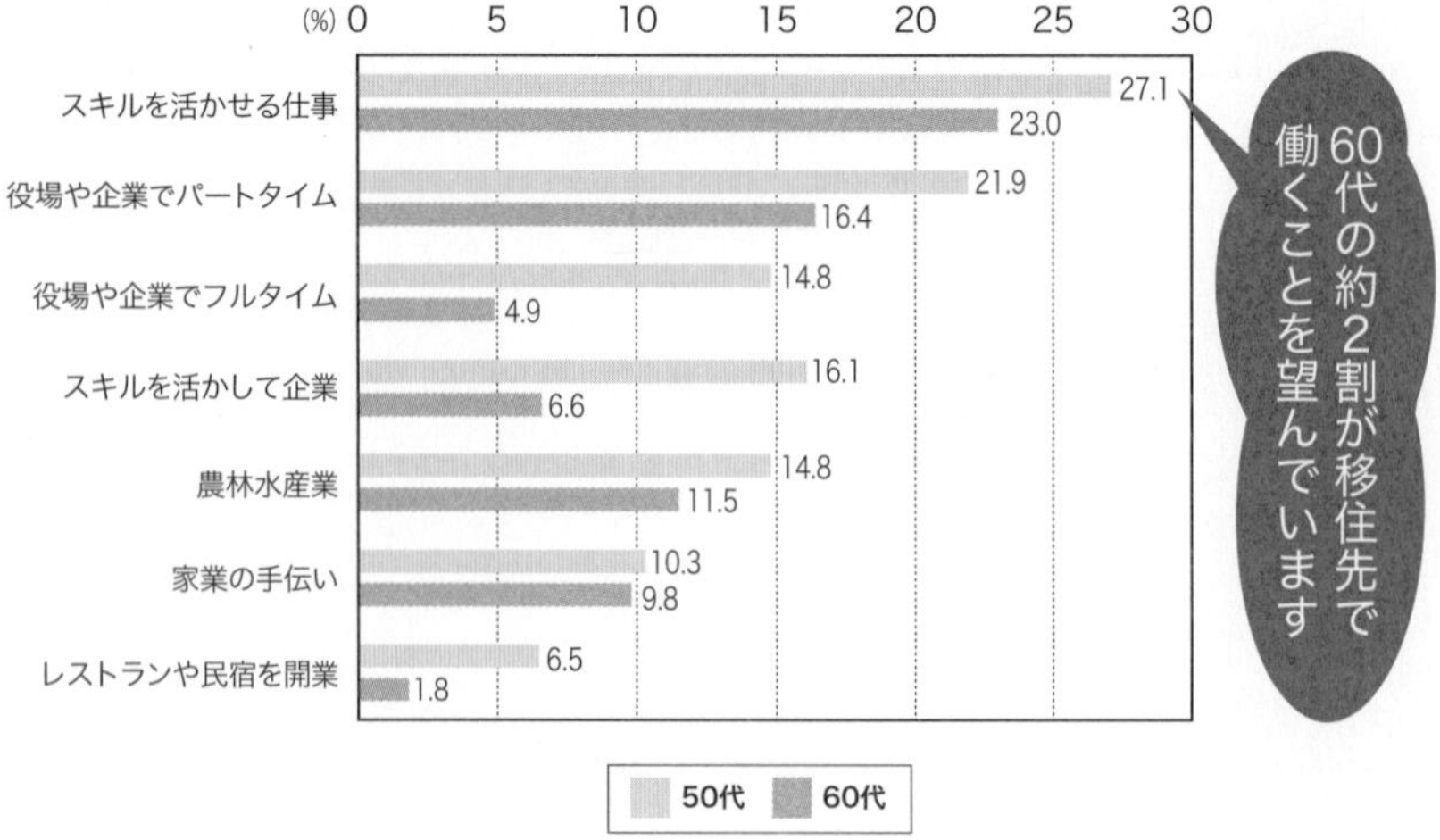

出典：総務省「『田園回帰』に関する調査研究／中間報告書」

移住を検討する際の条件として、仕事に大きな比重を置いているということです。

もちろん、60代になって移住を考える人は、医療や福祉を重視する傾向もあり、仕事が最優先という人は若い世代と比べると少ないでしょう。しかし、長期化する老後生活を不安なく過ごすためには、移住先においても、少なからず収入が必要となるケースが多いということです。

❖人気は「スキルを活かせる仕事」。「農林水産業」も要注目

右図は、移住先での希望の働き方について尋ねた際の結果です。これを見ると、60歳代で最も多かった回答は「スキルを活かせる仕事」でした。一方で、「役場や企業でフルタイム」や「スキルを活かして起業」といった回答は、50歳代に比べて少なくなりました。

この結果から読み取れるのは、60歳代の場合、移住先でバリバリと現役世代並みに働くことよりも、これまでの自分の経験を活かしながら、年金プラスアルファの収入を得たいという人が多いということです。

また、60歳代で「農林水産業」と回答した人が10%以上いたことも注目に値します。高齢化が進む地方では、農業や林業など1次産業の人材不足が深刻な課題となっています。60歳代から農業や林業に従事し始める人も珍しくありません。農業などの現場では80歳代の人が現役で働いていることも少なくないため、生涯現役で働ける仕事と言えそうです。

悠々自適の地方移住はかつてのもの。移住先で働くことを希望する人も増えています。

定年後の暮らしのリアル
Question 1

定年後の住まいは賃貸、分譲どちらがいいでしょう？

57歳
会社員

子どもが独立し、現在妻と2人で賃貸マンションに住んでいます。今後は収入が減ると思うと、ずっと家賃を払い続けるのも不安です。あと数年で定年ですが、いまから家を購入してもいいでしょうか？

❖高齢になると賃貸物件は借りにくくなる

住まいについて、賃貸か、分譲か、どちらがいいのかは多くの人にとって永遠の課題です。特に子どもの独立など家族の人数や生活スタイルが変わる定年後は、どちらがいいのか悩ましいところです。

賃貸、分譲にはそれぞれメリット、デメリットがあります。賃貸の主なメリットとして、「住み替えが簡単にできる」ことや「相続のことを考えなくていい」「建物の管理費や修繕費がかからない」などが挙げられます。デメリットはなんといっても、毎月家賃を支払わなくてはいけないことです。またメリットである住み替えが簡単にできることに関しては、定年後は当てはまらない可能性が高くなります。一般的に賃貸物件は、高齢になると部屋の中での事故や孤独死のリスクから借りにくくなるのが現状です。特に一人暮らしの場合は敬遠されることが多く、物件によっては年齢の上限を設定している場合もあります。

一方の分譲は、主なメリットは「家賃がかからない」「資産として保有できる」などです。デメリットは「相続対策をする必要がある」「固定資産税などがかかる」「建物の管理費や修繕費がかかる」などが挙げられます。管理費や修繕費に関しては、マンションの場合、必ず毎月かかってくるので、家賃がかからないとはいえ安心はできません。

❖高齢になっても住むことを想定する

定年後の住まいを考える際、分譲か賃貸か悩むよりも、まずはこだわりたいのは「この先もずっと住み続けられること」です。大きな庭付き一戸建てに住んでいても、年を取ると庭の手入れが面倒になったり、2階に上ることすら億劫になることもあり、段差のないマンションに住み替えるというケースもよく聞きます。また、70歳代以降は車の運転も不安になるので、駅や病院の近くなど利便性の高さも考慮する必要が出てきます。

定年時に住宅を購入してもいいかというお悩みですが、住宅ローンを組まずに購入するのであれば、アリだと思います。家族が夫婦2人になり、暮らしもコンパクトになります。ローンを組まずに払える範囲で条件に合う物件ならば、購入の検討をしてもいいのではないでしょうか。

また持ち家があれば、それを担保にお金を借りる「リバースモーゲージ」というシニア層向けローンを利用するのも手です。老後の資金源として、いざというときの助けにもなります。

賃貸と分譲どっちがお得？

● 賃貸と持ち家の費用総額の比較

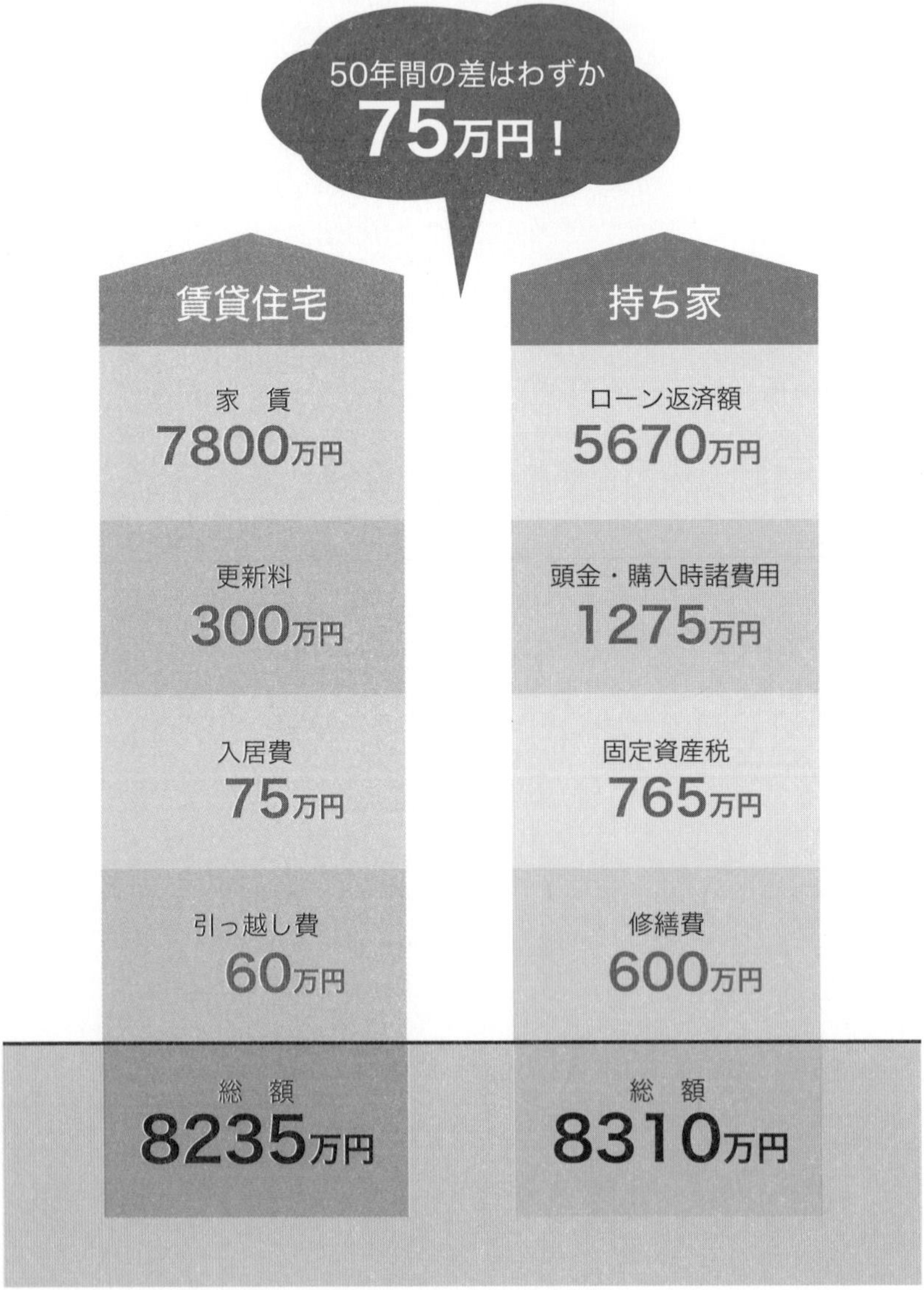

出典：三井住友トラスト・資産のミライ研究所による試算

ちなみに持ち家と賃貸、50年間にかかる総額費用はどちらがお得なのかを試算したデータがあります。ローン返済額と家賃、修繕費や更新料も加えて試算したところ、賃貸住宅は8235万円、持ち家は8310万円、とその差は75万円という結果に！　持ち家と賃貸、50年間住み続けても、結局、費用はほぼ同じなので、賃貸料を払い続ける資産と年金額があれば、定年時に無理をして購入することもありません。

ただ、高齢になってからの住み替えは意外と大変です。定年前のいまから夫婦で、今後の住まいについて考えておくといいでしょう。

Answer 1

住宅ローンを組まずに購入するなら、定年時の住宅購入はあり　これから先は老後を見据えた物件を選ぶ

Point

持ち家があれば利用できる「リバースモーゲージ」

自宅に住み続けながら、その自宅を担保に資金を借りることができるシニア層向けのローン。一般的には元本の返済は死亡後または契約期間終了後に担保不動産の売却代金で返済します。

定年後の暮らしのリアル

Question 2

住宅ローンは定年前に完済すべきでしょうか？

55歳
会社員

結婚をするのが遅く、40代で家を購入しました。定年まであと5年ですが、住宅ローンが残っています。定年後もローンが残っているのが不安です。退職金を使って、定年前に一気に完済してすっきりしたいのですが。

❖ 退職金を住宅ローンに全額充てるのはリスクが高い

多くの人が人生で最も多額のお金を借りることになる住宅ローン。昨今は晩婚化の影響でご相談者さんのように、30代後半～40代前半に住宅ローンを組むことも珍しくなく、35年ローンを組むと60歳以降も住宅ローンの返済が続くことになります。

定年後収入が減る中、家計支出で大きな割合を占める住宅ローンを返済していくのは不安、退職金でまとまったお金が入るのであれば、一気に返して借金をゼロにしたい、という声もよく聞きます。ですが、完済したのはいいけれど、手持ちのお金が減り、この先の生活が苦しくなってしまうという事態に陥る恐れもあります。

仮に家計に余裕があり、退職金を日々の生活費に使わなくても済む場合でも、老後は家の修繕費や冠婚葬祭費といった出費がかかる可能性があります。これらは「特別支出」として生活費とは別にキープしておく必要があります。

退職金で住宅ローンを完済する場合、目安として退職金の半分が残る金額であれば完済してもOK。また完済まではしなくても、退職金を使ってローンを軽くするなら、返済に充てるのは退職金の4分の1程度まで、と考えておくのがいいでしょう。

❖50歳くらいから完済に向けて試算をしてプランを立てる

退職金を住宅ローンの返済に充てるとしても、住宅ローンの完済をいつにするのか、50歳くらいから試算をし、完済までの計画をしっかり立てておくことが大切です。計画を立てる際、売ったらいくらで売却できるか、現在から定年を迎えるまでの住宅ローンの「残債」と現金などの金融資産やマイホームの価値など「保有資産額」を比較し、保有資産額のほうが多い、または最低でも同じバランスであるようにしておくことを目標にします。

もし、定年時に残債のほうが保有資産額を上回っていることが予想された場合、仮に住宅を売ってローンを完済しても老後資金にあたる純資産が少ないため、老後の生活は苦しいものになると予想されます。その場合は早急な対策が必要です。例えば夫だけでなく、妻も働くなどして、家計の収入を増やすことが有効です。65歳までに住宅ローンの返済が終わるように貯蓄を積み増していき、65歳時点で残債を一括返済できるようにプランも立てることができます。特に、65歳から年金収入だけでのんびり暮らしていこうと考えている場合、ローン返済をしながらで

住宅ローンの完済時の平均年齢は？

● 購入年齢が低いのは建売住宅、40代半ばからは中古住宅

住宅の種類	一次取得における世帯主の平均年齢	住宅取得借入金の返済期間
注文住宅※	40.0歳	（建築）32.9年
		（土地）34.2年
分譲戸建住宅	37.2歳	34.1年
分譲マンション	39.5歳	32.0年
中古戸建住宅	43.2歳	29.2年
中古マンション	43.6歳	29.9年

出典：国土交通省「令和3年度　住宅市場動向調査報告書」

完済まで平均34年とすると
完済時の年齢は
70歳を超えます

は、家計はいずれ破綻してしまいます。

右図は住宅別の取得時平均年齢と平均返済期間の調査結果です。完済までの期間を34年とすると、いずれの住宅でも完済時の年齢は70歳を超えることになります。晩婚化と住宅価格の高騰で、返済期間が長期化し、完済年齢は上昇を続けています。70歳まで雇用が延びても役職定年で給与が半減することもありますし、退職金は減少傾向です。こうした状況を踏まえ、退職金で完済という一つの解決策だけで考えずに、なるべく働きながらフローで払い、今手元にあるストックは温存する考え方を持ち、65歳時には完済できるよう計画を立てていくのがいいでしょう。

Answer 2

返済額が退職金総額の4分1以下なら返済もあり定年の時点で最低限、住宅ローンの残債と保有資産額が同じにしておく

Point

定年後も返済するなら働いて給料から払う

定年後も住宅ローンを払う場合、貯蓄を崩すのではなく、給料から払うことがポイントです。そのためには毎月の返済額を定年後の給料の範囲内で収まるよう早めに計画しましょう。

暮らし
定年後ののリアル
Question 3

親が介護になりました。雇用継続をせずに介護をするべきでしょうか？

59歳
会社員

離れて暮らす高齢の親が介護状態になりました。一人っ子なので、介護をするのは私しかいません。定年後は雇用継続をする予定でしたが、故郷に帰って介護をするべきでしょうか？

❖ 仕事と介護の両立ができるような体制づくりを

「仕事を辞めないと介護ができない」と考えがちですが、決してそうではありません。親の介護のために仕事を辞めてしまうと、子どもの収入はゼロになってしまいます。親や自分に潤沢な貯蓄があれば問題ないのですが、そうでない場合、自分の生活費も親の年金をメインにやりくりをすることになってしまいます。また親の死後、再就職をしようと思っても、その時点で年齢はさらに上がっているので、すぐに見つかる可能性は低くなります。

故郷に帰ることにしても、まずは故郷で仕事を見つけ、働くことをやめないこと。そして働きながら親を介護する体制を整えることが大切となります。

そのために、まず知っておきたいのは「介護休業制度」と「介護休暇制度」です。日本では介護を理由に仕事を休めることが法律で決まっています。介護休業制度は、介護対象者1人につき通算93日まで休むことができ、介護休暇制度は、介護対象者が1人なら年5日、2人以上なら年10日まで取ることができます。この2つの制度はパートやアルバイトでも必要な勤続期間を満たせば（雇用保険に加入している人）使うことができます。さらに在宅で介護をする場合、働きながら介護ができるようケアマネージャーに相談し、プランを作ってもらうことも必要です。制度やサポート体制を活用し、仕事と介護の両立を目指していきましょう。

Answer 3

＊＊

仕事を辞めるのはNG。故郷に帰るにしても転職活動をしてからに。介護のサポート体制や制度を活用して、仕事と介護の両立を図る

Point

介護が必要になったらまずは「地域包括支援センター」に相談

親について少しでも心配なことがあれば、親が住む地域の「地域包括支援センター」に相談を。状況によりさまざまなアドバイスを受けることができます。

定年後の暮らしのリアル
Question 4

60歳独身です。おひとりさまの場合、死後の手続きはどうなるのでしょうか？

60歳
会社員

最近、自分の最期について考えるようになりましたが、同居する家族がおらず、近くに住んでいる親族もいないので、いざという時がとても不安です。おひとりさまの場合、死後の手続きはどうなるのでしょうか。何か生前に対策が必要でしょうか。

❖ 生前から計画的に依頼を進めるのが大切

おひとりさまで身寄りがない場合や、家族・親族がいても遠方に住んでいるなどの理由で死後の対応を依頼できない場合には、「死後事務委任契約」という制度を利用することで、死後の手続きの大部分を第三者に依頼することができます。この制度は、代理人（受任者）と生前に契約を結ぶことで、自分（委任者）の死後、自分の希望通りに代理人に死後の手続きを代行してもらうという仕組みです。なお、代理人を引き受けるうえで必要な資格などはないため、知人・友人を代理人に指定することももちろん可能です。しかし、死後の手続きは煩雑なので、可能な場合は弁護士や司法書士、行政書士などの専門家を代理人に指定するほうが望ましいでしょう。

「死後事務委任契約」を結んだ場合に代理人に依頼できるのは、遺体の搬送・安置の手配、お葬式・埋葬の対応、死後の役所などへの各種申請・解約手続き、入院費などの支払いの代行、遺品整理……など幅広く、必要な手続きはほぼカバーすることができます。ですが、「相続」に関する事柄は法定相続人である家族・親族でないと行うことができません。具体的には、社会保険料や税金などの還付を受けたり不足分を支払ったりする手続き、高額療養・高額介護合算療養費の請求などがこれに該当します。そのため、この部分の手続きについては、あらかじめ親族に依頼しておく必要があります。

Answer 4

死後の手続きは生前に段取りを「相続」に関する手続きは親族（法定相続人）に依頼しておく

Point

死後事務委任契約をうまく活用すると安心

この制度を使って専門家を代理人に指定すれば、法定相続人でなければできない最低限の手続きのみを親族に依頼すればよくなるので、お互いに負担が少なくなります。

定年後の暮らしのリアル
Question 5

遠方にある先祖代々のお墓に入りたくないのですが

64歳
パート

私の夫は長男なので、ゆくゆくはお墓を継ぐことになります。先祖のお墓は夫の実家の近くで遠方にあり、私はできることならそのお墓に入りたくありません。将来、継ぐことになる子どももお墓の管理ができるとは思えず何とかしたいのですが……。

❖ 自分の希望を伝えて今後のお墓をどうするか話し合います

かつて、お墓と聞くと、寺院墓地や霊園などに先祖代々のお墓があり、一族で引き継いでいくというイメージでした。ですが、近年では、お墓に対する考え方が多様化し、「先祖代々のお墓があるけど引き継いでくれる子どもがいない」「お墓の管理が大変だからお墓はいらない」という人が増えてきています。一方で、親族などとの関係から、自分の一存で決められないというケースもあります。まずは夫に、自分は先祖のお墓に入りたくないと伝え、夫の意思を確認しましょう。夫が、先祖代々のお墓に入りたいと希望があるなら、寺院墓地なのか、霊園なのか確認をします。寺院墓地の場合は、お墓の管理代のほか、年忌法要などで発生するお金や寺院への寄付を求められることもあるので、どんな費用がかかるのかを確認しておくこと。霊園の場合も管理費など一定の費用がかかります。

夫も先祖のお墓には入りたくないなら、自分たちのお墓をどうするのかを考えます。お墓を継ぐ人がいない、管理をしてくれそうもないという場合は、永代供養墓を検討しましょう。永代供養墓とは、寺院や霊園が遺骨を預かって、供養や管理を代わりに行うお墓のことです。

お墓の種類は、主に墓石型・納骨堂型・樹木墓型、埋葬方法は、個人ごとや親族ごとに個別に埋葬されるタイプと、初めから他の方と一緒に埋葬(合祀)されるタイプがあります。

Answer 5

✳ 夫や親族など、まず今後お墓を守る人がいるかを確認

✳ 自分、あるいは夫婦で入るお墓のめどをつける

Point

承継者を必要としない永代供養墓に注目

永代供養墓は、管理は不要ですが、個別でも合祀でもその場所へ出向き供養することができるため、現代社会のお墓の在り方に適したものと言えます。

定年後の暮らしのリアル
Question 6

新たな趣味を見つけるのにはどうしたらいいでしょう？

62歳
嘱託社員

現役時代は仕事が忙しく、ほぼ終日働いていました。現在の勤務は週3日で、仕事以外の時間何をしていいのかわかりません。今から趣味を見つけるためには、どうしたらいいのでしょうか？

❖自分が今までやってきたことの中にヒントが

趣味がなく悩んでいるのは、ご相談者さんだけではありません。実際に60歳代で趣味がない人の割合は約27%もいるという調査結果も出ています（博報堂生活総合研究所「生活定点1992-2022」調査）。しかし、人生100年時代における老後は長いので、充実した老後生活を送るために、何か「趣味」を見つけるとよいかもしれません。

趣味がないという人は、手始めに小さい時に好きだったものとかを思い出してみましょう。例えば、野球などスポーツをやっていた方は、久しぶりにスポーツ観戦をしてみると面白いかもしれません。一方で、学生時代のことはよく覚えていないという人は、思い切って同窓会などに参加してみると、新たな発見があるかもしれません。

そして何か気になるものが見つかったら、同じ興味を持つ人が集まるコミュニティに思い切って参加するのもよいでしょう。その際、同世代だけではなく、自分より若い世代もいるコミュニティに参加してみると、自分の趣味をアップデートすることもできます。一方で、その際に気を付けたいのは、若い世代に対して部下のように接しないということ。同じ目線で活動するのが趣味を楽しむコツです。老後は退職などを機に、今まで接していた職場や友人などの人間関係が狭まってしまううえに、新しいコミュニティに属する機会も減ってしまいます。長い老後を一緒に楽しむ新しい友達をつくるためにも、コミュニティに参加するのはおすすめです。

Answer 6

＊小さい頃好きだったことを思い出してみる

＊同世代だけよりもいろいろな世代がいるコミュニティに入ってみるのも

Point

シニアサークルはネットでも簡単に探せる

定期的に開催するものや単発で開催するもの、趣味を楽しむことがメインのものや友達づくりがメインのものなど、団体によってさまざまなので、ニーズに合わせて選択するとベター。

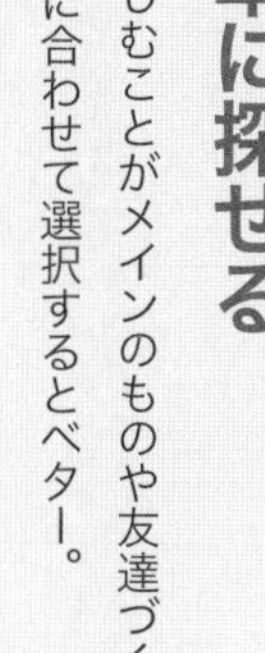

定年後の暮らしのリアル
Question 7

誰も住んでいない実家の処分はどうすればいいですか？

67歳
アルバイト

親が亡くなって、実家に誰も住まなくなりました。私は遠方に住んでおり、近くに住む親族もいません。処分しなくてはいけないのはわかっているのですが、忙しくてなかなか手がつけられません。どうしたらいいでしょうか。

❖まずは誰が相続人なのかを確認することから

家の所有者が適切な管理をしないままだと、「空き家等対策特別措置法」により、自治体の調査が入り、倒壊する危険があるなどの一定の条件を満たすと、「助言または指導」が行われ、所有者はその改善に努める必要があります。

さらに、放置すると、「勧告」となり、住宅用地の特例の対象から除外され、状況が改善されるまで、従来の固定資産税の最大6倍が科せられます。また、50万円以下の罰金や「行政代執行」が行われ、その費用も所有者が負担することになります。さらに、２０２３年４月以降には、「不動産登記法」が改正され、相続の開始があったことを知り、不動産の所有権を取得したことを知った日から3年以内に相続登記の申請をしなければ、10万円以下の過料が科されることになります。このように空き家の放置には、さまざまな罰則があるため、誰が相続人になるのか確認をして、自分が相続人なら速やかに名義変更をします。実家を貸したい、売りたいなどの希望があるなら、自治体が主体となって運営している「空き家バンク」を活用しましょう。空き家を貸したい、売りたい人と、借りたい、買いたい人を空き家バンクを介し、繋ぐサービスで、自治体によっては、家の修繕費などを補助する制度があります。売却などができず、処分に困った場合は、建物がない土地であることや、負担金を納めるなど一定の条件を満たすと所有権を手放すことができる「相続土地国庫帰属制度」（2023年4月27日施行）を利用しましょう。

Answer 7

＊家の所有者が生存していない人になっているならまずは名義変更

＊自治体の空き家バンクに登録

＊売却できない場合は放棄することも検討しよう

Point

空き家をそのまま放置しておくと罰則が科せられることも

処分が大変だからとそのままにしておくと、高額な費用がかかることがあります。自治体の制度を利用するなどで、なるべく早く対処することを心がけましょう。

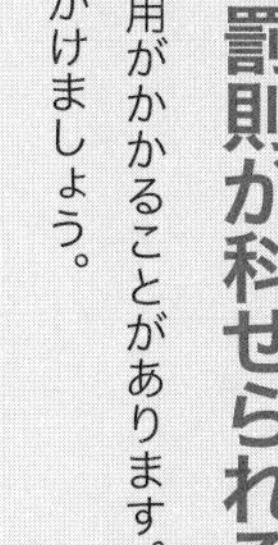

定年後の暮らしのリアル
Question 8

定年後の生活のリズムは、どうやって整えたらいいでしょう？

65歳
主婦

夫は定年後、週3回仕事に行く日以外は特にやることもなく、昼まで寝ていたり明け方まで起きていたり、生活のリズムが乱れてしまっています。どうやって整えさせたらいいでしょう？

❖ 意識的に用事を入れることが大切

年齢とともに規則正しい生活リズムは健康を保つうえでも必要なるので、この時点で軌道修正しておくことはとても大切です。会社員時代は起床・就寝の時間が決まっていたため、自然と生活リズムが整っていたことでしょう。しかし、老後は定年後再雇用などで毎日出社する必要がなくなる人も多く、自分自身で生活のリズムを整えるのは少し難しくなるでしょう。

ご相談者さんの場合、問題となるのは週3回の仕事以外の日をどう使うか。例えば朝のラジオ体操、毎日午前中はウォーキング、水曜日の午後は図書館に行く、週2回は夕飯の買い物に行くといったように、一日の時間割をつくってみるのが効果的。外出することが習慣化してしまえば、夫婦で遠出をしたり、スポーツをしたりと、老後の生活をよりアクティブに過ごせるかもしれません。また、億劫がる人は、とりあえずスポーツクラブやサークル、習い事など、外出をする予定を強制的につくってみるのがおすすめです。

また、これを機会に家事に参加してもらうのも効果的。例えば、朝食を作る担当にする、朝のゴミ出しを担当してもらう、スーパーに開店と同時に行きお買い得品をゲットしてきてもらうなど、朝起きなくてはいけない用事を入れることで、家事を手伝ってもらうだけでなく生活のリズムを整えることもできます。

Answer 8

仕事以外の日の時間割をつくる 朝起きなくてはいけない家事を担当してもらう

Point

定年後は妻だけではなく夫も家事参加を

献立を考えたり、料理をしたり、掃除をしたりするなど新たなことに挑戦してみるのも。新しい挑戦は脳の活性化にもつながるうえに、夫婦のちょっとした会話の糸口にも。

定年後の暮らしのリアル
Question 9

介護が必要のないうちから高齢者施設に入れますか？

62歳
会社員

最近高齢者施設もさまざまな種類があると聞きます。一人暮らしで健康不安があり今後の生活のことも考えると早めに高齢者施設に入りたいと思っています。どんな施設がいいでしょうか？

❖ 元気なうちから入れる住宅型の有料老人ホームも人気

現在、高齢者施設は多様化しており、元気なうちから入居できる施設も増えてきました。中には、外出も自由にでき、これまでと変わらない生活を送ることができる施設もあります。金銭面である程度余裕があれば、早めにこのような施設に入居するのも一つの方法です。

例えば、住宅型有料老人ホームは、自立した生活を送ることのできる高齢者を対象とした施設です。施設によっても少し異なりますが、基本的には普通のマンションと変わらないように過ごすことができます。また、食事の提供、居室清掃や洗濯などの生活支援サービスが提供されているため、家事をするのが億劫だと感じる方にもおすすめです。さらに、施設によっては、露天風呂やトレーニングルームなどの旅館のような設備が備わっています。加えて、ご相談者さんのように健康面に不安がある方向けに、緊急コールなどができる設備があるところもあります。

しかしながら、上記のような施設は、自立した高齢者のみを対象としているため、入居後に介護度が上がってしまった場合には退居しなければならず、終《つい》の棲《す》み処《か》とはなり得ません。そのため、介護が必要になった場合の次の行き先も考え、費用面などで困らないようにしましょう。

Answer 9

金銭面で余裕があれば、早めに入居するのもアリ
終の棲み処にはならないので、将来的な転居も想定しておく

Point

入居を決める前に必ず見学をしよう

施設によってその設備やサービス、料金形態などに大きな違いがあります。入居費用も高い施設が多いので、ミスマッチを防ぐため、入居前に必ず見学しましょう。

定年後の暮らしのリアル
Question 10

免許の返納はいつすればいいですか？

66歳
無職

会社員時代は車で通勤していましたが、定年退職後はめっきり車の使用頻度《ひんど》が減りました。周りでもちらほらと免許を返納したとの声を聞くようになりましたが、実際のところ何歳で免許を返納するのがいいのでしょうか。

❖免許返納の時期をあらかじめ決めて、車の売却時期などを計画する

警視庁が発表している運転免許統計（令和3年版）を基に計算すると、免許返納の平均年齢は約74歳。70歳を超えると免許証の更新時に高齢者講習の受講が義務付けられるため、それを機に免許の返納を考え始める人も多いようです。しかし、免許の返納のタイミングはそれぞれの生活習慣や健康状態によって変わりますので、大事なのはあらかじめ返納のタイミングを定め、そこまであと何年残っているか逆算して計画を立てることです。

今後しばらく免許を返納せず運転を続ける場合は、ダウンサイジングできるものがないか検討しましょう。ご相談者さんのように乗る機会が少なくなったのであれば、思い切って自家用車を売却して、レンタカーやカーシェア

リングなどを利用するのも一つの手です。また、維持費が安い軽自動車に乗り換えるか否かを検討する場合は要注意。維持費が安いとはいっても、乗り換えれば新車の車両価格がかかるため、結果として節約にならない場合もあります。現状の車の維持費と、新しく乗り換えた場合の総コストをしっかりと比較するようにしましょう。

一方、免許を返納する場合は、電車やバス、タクシーなどの公共交通機関を利用することとなります。タクシーは贅沢だと思われるかもしれませんが、1回3000円のタクシーに月8回乗車したとしても、年間で28万8000円。車の維持費は軽自動車でも年約38万円もかかるので、年間10万円ほどは節約できることとなります。

Answer 10

✳ 免許返納の平均年齢は約74歳

✳ 今後しばらく運転を続ける場合は削れる費用がないか検討する

✳ 公共交通機関を積極的に利用するのも吉

Point

免許返納で使える特典も増えている

最近では、飲食店での割引や配送料無料サービスが利用できたり、お得な定期預金を契約できたりと、様々な場面で免許返納の特典があり、返納後のサポートも充実しています。

コラム 65歳以降の健康保険制度は2回変わる

高齢になると医療費の自己負担割合は段階的に軽減され、65～70歳未満では3割負担であったのが、70～75歳未満では原則2割負担、75歳からは原則1割負担となります。

特に大きな変化があるのは75歳になってからで、すべての人がそれまで加入していた健康保険などから外れて、都道府県単位で運営される「後期高齢者医療制度」に、個人単位で加入することになります。

後期高齢者医療制度の保険料は、都道府県ごとに異なり、原則年金からの天引きとなります。また、保険料は後期高齢者一人ひとりが納めることになるので、これまで保険料を負担していなかった被扶養者も、保険料を負担する必要があります。例えば、夫が会社の健康保険に加入していて、年下の妻が被扶養者の場合には、夫が後期高齢者医療制度へ移行したタイミングで、妻は夫の扶養から外れることになるため、妻は国民健康保険に加入するなどの手続きが必要となります。

■65歳以降の健康保険制度は？

75歳からすべての人がこちらに移行する

65歳　70歳　75歳

		70歳未満	70歳以上75歳未満	75歳以上
加入先	継続雇用	会社の健康保険	会社の健康保険	後期高齢者医療制度
	年金生活	（多くは）国民健康保険	（多くは）国民健康保険	
	医療費の自己負担	3割	2割（現役並み所得者は3割）	1割（所得によって2割、3割）
	保険料	加入している健康保険による		都道府県により異なる（全国平均1カ月あたり6472円）

※医療費の自己負担割合は所得によって区分が異なる。上記は一般の場合。現役並みの所得者は年齢に関係なく３割負担
※75歳未満でも65歳以上で一定の障がいがあると認定された人は、後期高齢者医療制度に加入
※後期高齢者医療制度の全国平均1カ月あたりの保険料は、厚生労働省（令和4・5年度）による
※後期高齢者医療制度の２割負担（一定以上所得のある人）は2022年10月から

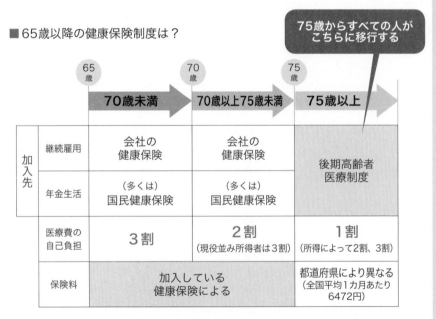

第2章

定年後の仕事のリアル

定年後も働き続けることがごく当たり前になったのは
ここ10年のことだ。労働者の人口ピラミッドが
若年層中心から中高年齢者に移行し、定年後世代は、
社会からも働き続けることを求められるようなっている。
そんな中、60歳代、70歳代はどんなことに
仕事のやりがいを求めているのかを明らかにする。

男性の就業率は65歳を境に約50％まで減少

高年齢者雇用安定法により65歳までの雇用が義務化されて10年。60歳以降に働くことも珍しくない時代となりましたが、実際、シニア世代の多くは何歳まで働いているのでしょうか。

❖男性の8割近くは65歳まで働く

左図は、55〜79歳の男女2500人に対して就業状況や働く意欲について調査したものです。まずは男性について年代別に見ると、60歳代前半では求職中も含め80％近くあった就業率が、60歳代後半になると50％にまで落ち込んでいます。定年後に継続雇用で働いていた人が65歳で退職、その後は半数以上の人が年金生活に入ったと考えられます。一方、女性の就業率は総体的に低いものの、60歳代前半までは今後「働きたい」と考える人が約15％もいて、社会参加の意欲が高いことが見て取れます。男女ともに60歳以降も多くの人が働いている現況がわかりますが、「悠々自適」だったはずの定年後に働くようになったのはいつ頃からなのでしょうか。

就業率の推移と背景の出来事をみながら、シニア世代が置かれた現状について考えます。

60歳代後半で働く男性は約5割

●55〜79歳の就業状況(N=2500)

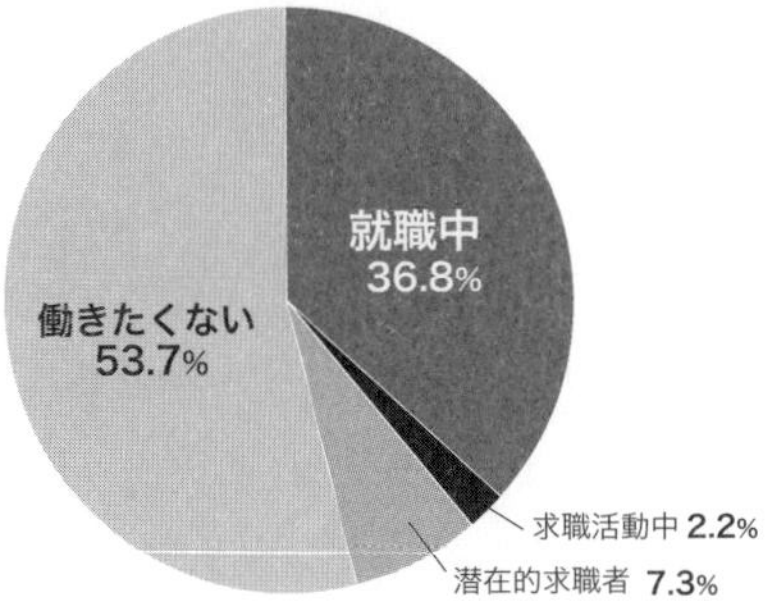

注：「求職活動中」は、現在は働いていないが、求職活動をしている人、「潜在的求職者」は現在は求職活動を行っていないが、いずれは働きたいと思っている人

出典：「70歳雇用延長制度の開始を見据えポスト団塊世代が考える新しい働き方」2020年7月(NRI社会情報システム)

・男女・年齢別内訳

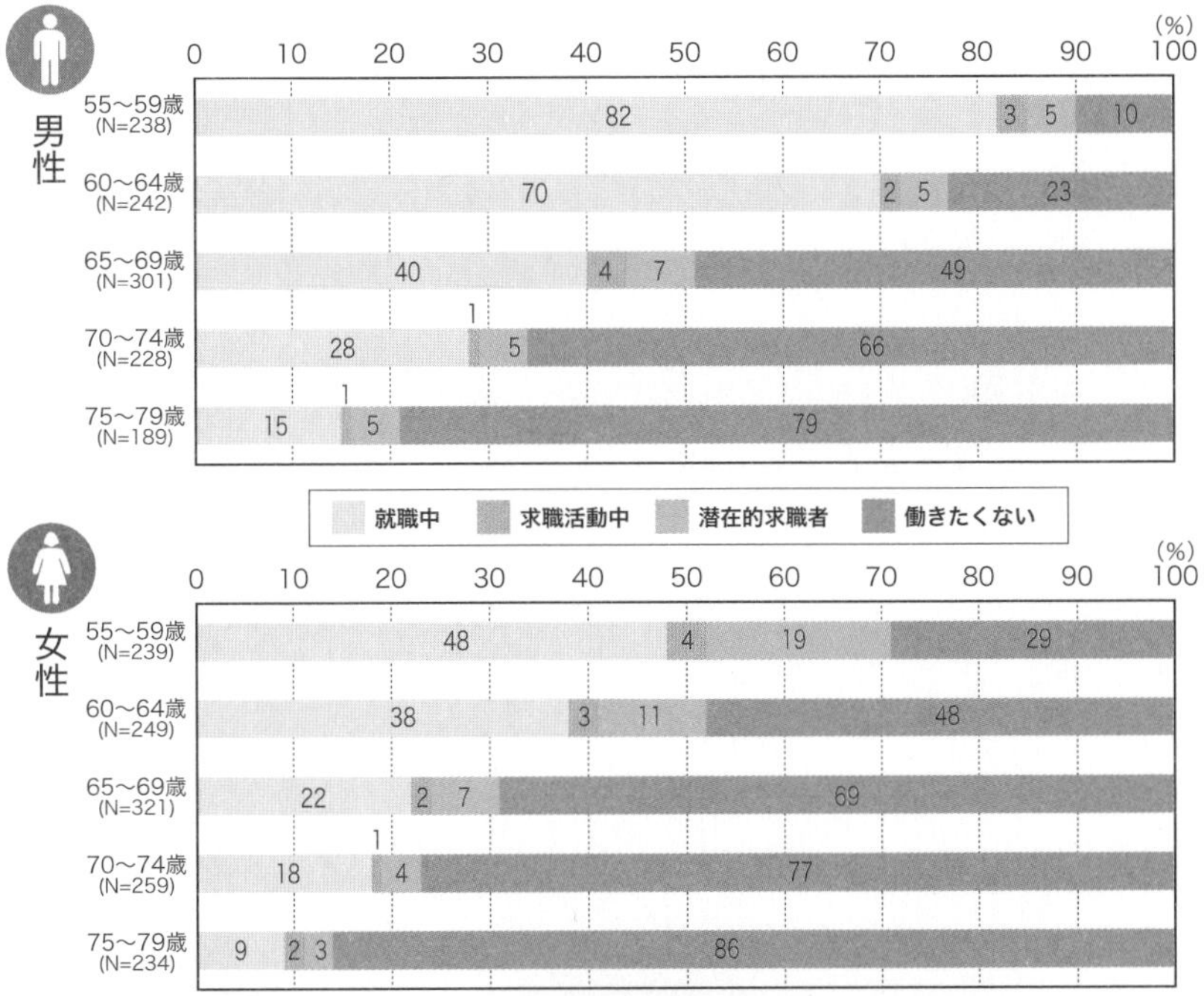

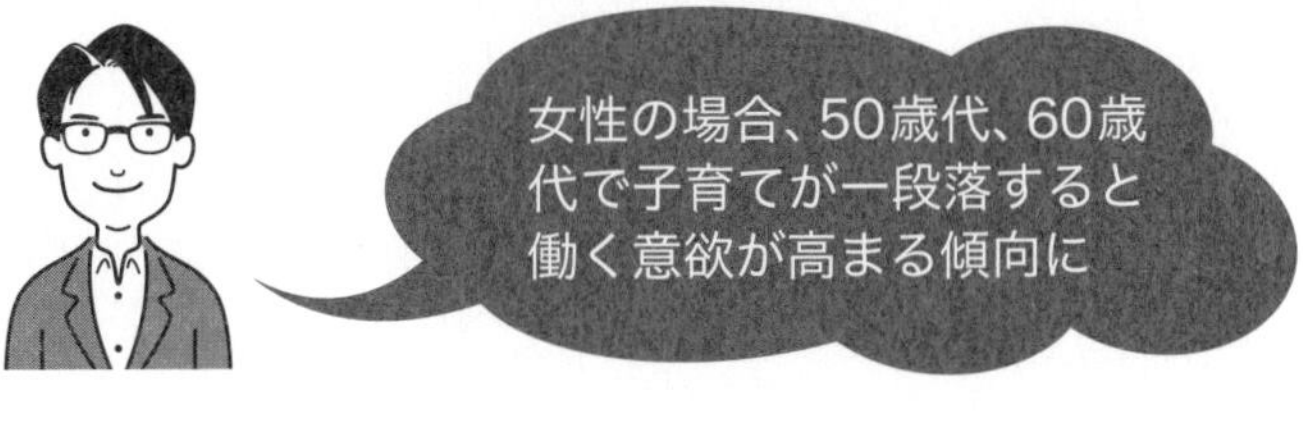

❖ ２０００年以降、定年後の就業率が急上昇

60歳、65歳、70歳、75歳時点における就業率の推移を追ってみると、いずれの性別・年齢においても、おおむね１９８０年から徐々に下がり続け、２０００年あるいは２０１０年に底をうち、その後は反転急上昇しています（下図）。例えば60歳時点の２０００年から２０２０年にかけての推移を見ると、男性で８・９％、女性にいたっては19・８％も上昇。その他の年齢においても同様な動きが見られます。つまり、定年後も働き続けるようになったのは２０００年以降のことで、ここ十数年の時を経て常態化したといえそうです。

就業延長が進み始めた２０００年以降の日本社会を振り返ると、バブル崩壊後の経済成長の鈍化や高齢

65歳・70歳の就業率は10年で10%アップ

●性・年齢階層別の就業率の推移

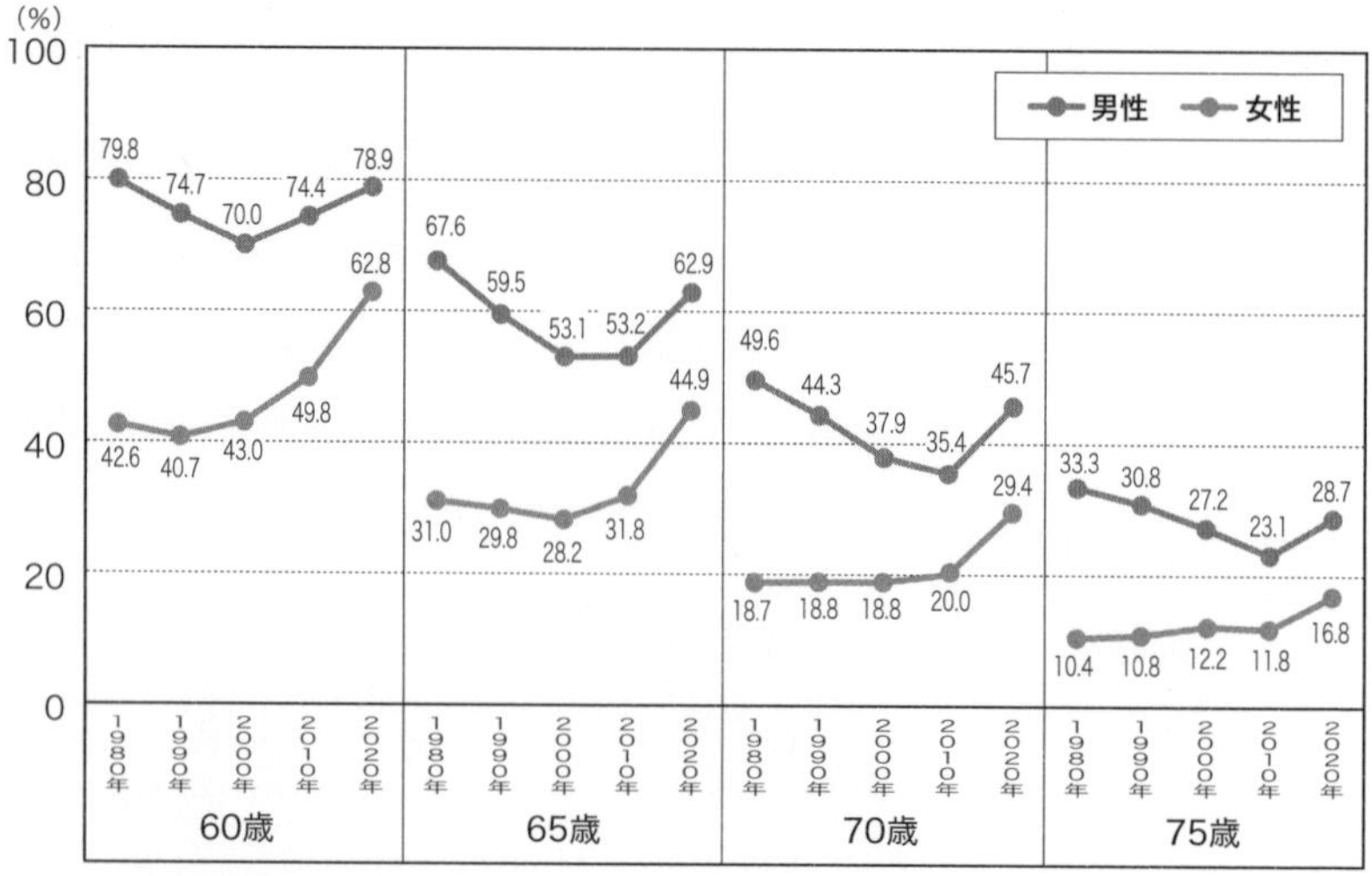

出典：総務省「国勢調査」

化による社会問題が如実に表れた時代。中高年の賃金や退職金が減少の一途をたどる中、人生100年時代の長い老後を生き抜くため、定年後も働くことを考えるようになった、というのが多くの人の実情ではないでしょうか。

❖70歳まで働き続ける時代も目前に

同時に、国の財政状況がひっ迫する中、公的年金の支給開始年齢が65歳まで段階的に引き上げられたことも大きく影響したに違いありません。そうした事情を踏まえて、国は65歳までの雇用を義務化する高年齢者雇用安定法を2013年に施行。多くの企業が継続雇用制度を導入したこともあり、2010年あたりを境に60歳以上の就業率が飛躍的に伸びたと考えられます。さらに2021年4月には改正高年齢者雇用安定法が施行され、企業には70歳まで働く機会を確保するための高年齢者就業確保措置が努力義務とされました。70歳まで雇用確保することは現状では努力義務ですが、社会保障制度を持続するためにも、将来的には義務化する方向に進む可能性もあります。こうした財政事情を抜きにしても、少子高齢化で生産年齢人口が減り続ける現状を顧みると、70歳まで細く長く働き続けることは「当たり前」の時代になりつつあることに間違いはないでしょう。

人生100年時代。長い老後を生き抜くために、定年後も働くのは「当たり前」の時代になりつつあります。

60歳代前半の平均年収は３５７万円

定年後に働き続けるとしても、雇用継続で会社に残るのか、転職して新しい仕事を見つけるのか、新たな選択を迫られることになります。判断材料として最も気になるのが年収でしょう。定年後に働く人はどの程度の収入を得ているのか。まずは定年を前後して収入がどのように変化するのか見ていきます。

❖収入は50歳代半ばがピーク。60歳代で一気に下がる

左図は、定年前後の年収の推移をより仔細《しさい》に見るため、40歳代後半から70歳代後半までの自営業者を含む就業者全体の年収を調べたものです。棒グラフは年収の平均値を、折れ線グラフは上位10%から下位10%まで3段階の年収を、×印は中央値を示しています。

まずは60歳代前半の年収を見てみると、平均値が３５７万円で中央値は２８０万円となります。この時期に多くの人が定年を迎え、退職後の再雇用や転職により給料が下がったことが読み取れます。50歳代半ばのピーク時に比べると、平均値で2割程度の減少となっていますが、もともとパートで働いていた人なども含めた数値であるため、

年収は定年後と継続雇用終了後に下がる

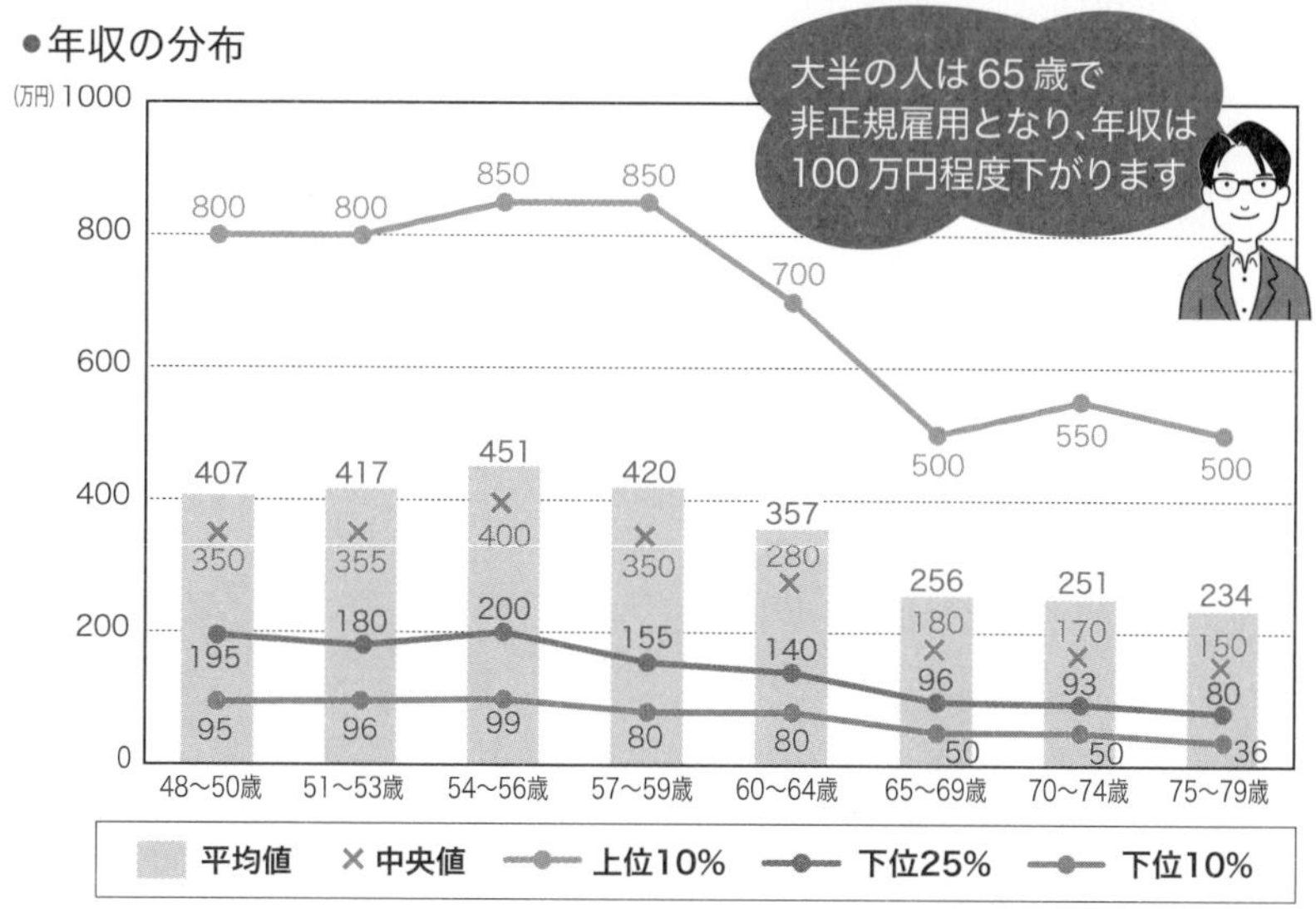

(注) 2019年の値　出典：リクルートワークス研究所「全国就業実態パネル調査2019」

正社員で働いていた人に限れば減少率はより大きくなると考えられます。継続雇用で定年後も同じ会社で働き続けた場合、定年前の50歳代後半と比べて3割程度給料が下がるというのが実情のようです。

次に60歳代後半の数値を見てみると、平均値が256万円、中央値で180万円となり、さらにもう一段、年収が下がることになります。現段階で大半の企業が導入しているのは65歳までの継続雇用制度。制度を利用した場合は、前述の通り60歳代前半のうちは現役時代の7割程度の年収が得られますが、多くの場合、それも65歳で終わるということです。

さらに65歳以降の年収の推移を見ると、70歳代の終わりまで徐々に下がってはいますが、大きな変化は見られません。パートやアルバイトなどの非正規雇用やフリーランスで働く人が多く、自身の気力、体力に合わせて仕事量を調整していると思われます。

❖ 60歳までに多くの人が役職を解かれる

定年直後の60歳代前半と継続雇用が終わる60歳代後半、2つの段階を経て年収が下がる事実は、多くの人が給与の引き下げに甘んじつつも、同じ会社で働き続けていることを物語っています。では、定年後も会社で働き続けた場合、どのような処遇が待っているのでしょうか。60歳代で役職に就く可能性の有無について考えてみます。下図は10人以上の企業について、部長相当職、課長相当職、係長相当職の役職者の年齢分布を表したもの。定年後の60歳代前半で役職に就く人の割合は、部長職で8・3%、課長職で2・8%、係長職では1・5%しかありません。年収の分布(P79参照)からも予想されることですが、定年を前後して多くの人が役職を解かれているのがわかります。

60歳代以上で役職に就く人は1割に満たない

●役職者の年齢分布

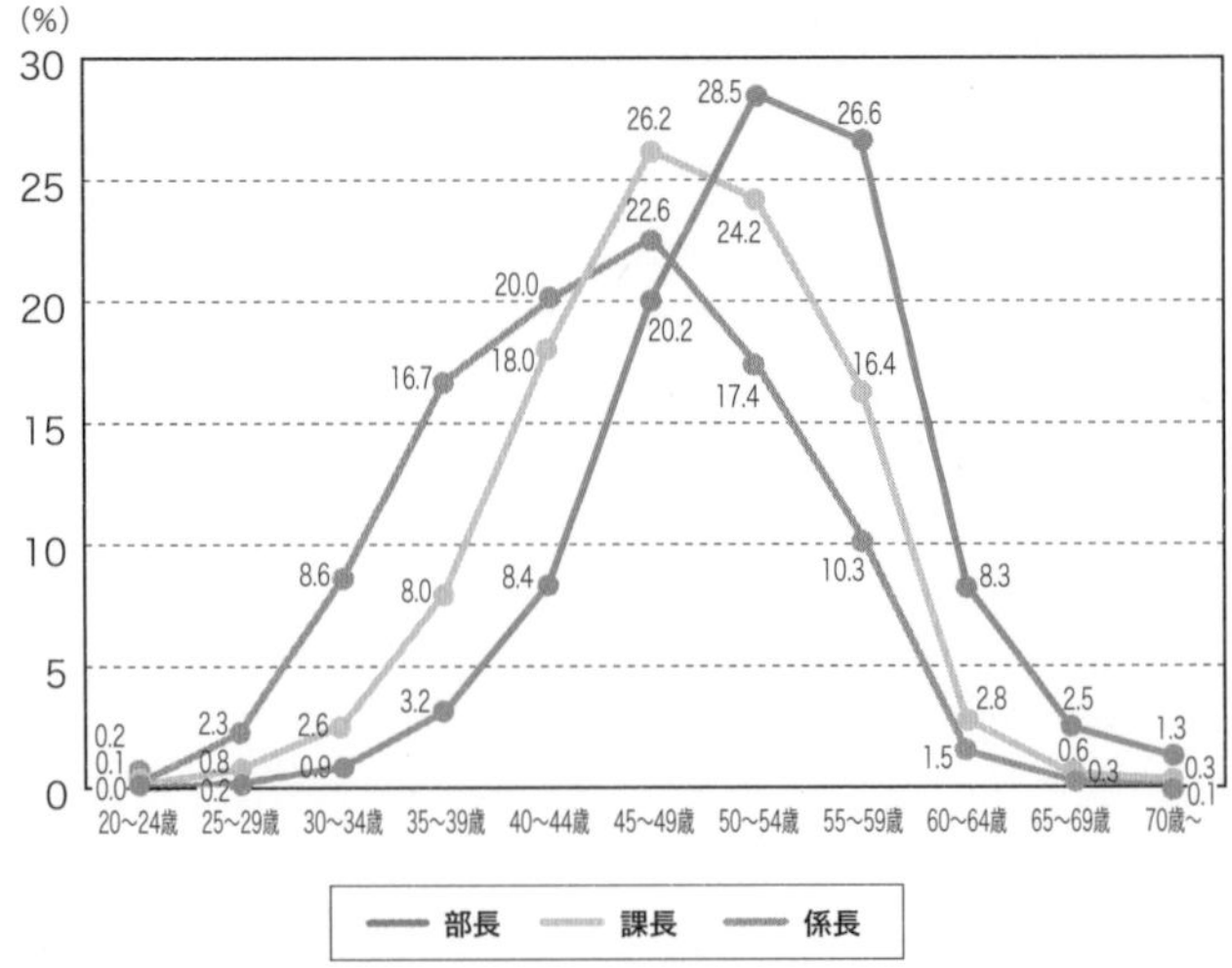

出典：厚生労働省「令和3年度賃金構造基本統計調査」

❖高年齢社員の処遇に苦悩する企業の事情

役職者の年齢分布（右図）からは、多くの企業が50歳代後半で社員の役職を解いているのが見て取れますが、その背景には20歳代、30歳代の若手社員が減少し、中高年社員が増え続けるという、企業にとって悩ましい現象があります。現場で活躍する人員が不足する中、少数のニーズしかない役職適齢期の人員だけが増えるという、年齢構成のアンバランスが起きているのです。そのため、長年会社に尽くした中高年社員を、十分に処遇しきれないというのが実情のようです。その一方、少子高齢化で今後も若手社員の減少は自明の理であることから、一社員として現場で活躍してくれるのであれば、年齢にかかわらず確保したいというニーズも高まりつつあります。

こうした企業側の事情からも、定年前後まで役職にとどまり、部下を見守るだけの仕事は通用しない時代になったといえます。裏を返せば、中高年に現場で活躍してもらうニーズは高まりつつあるわけで、役職にさえこだわらなければ細く長く働き続けるチャンスは大いにあるということです。今の60歳代、70歳代は気力・体力とも十分に持ち合わせており、生涯現役時代においては、職業人生の最後まで現役であることが求められているのです。

50歳代後半で役職定年、定年後の年収は現役時代の3割減が現実ですが、現場で働くニーズは高まりつつあります。

60歳代前半、正規雇用者の割合は35％に満たないという現実

継続雇用制度のある企業に勤めている場合、定年後も再雇用の道を選べば正社員として働ける人も少なくはないでしょう。あるいはパート・アルバイトや契約社員、嘱託などの非正規雇用や、フリーランスで働く選択肢もあります。定年を境に高年齢者の働き方はどのように変化するのか、就業・雇用形態のデータをもとに探ります。

❖ 65歳を超えると非正規雇用やフリーランスが多数派に

左図は、総務省「労働力調査」をもとに男性の年齢階層別就業・雇用形態を表したものです。30歳代から50歳代までの就業形態を見ると、最も一般的なのは会社などに勤める正規の職員・従業員であり、50歳代前半では7割近くを占めています。この時点では、その他の働き方をしている人は非就業者を含めても3割程度とごくわずかですが、正規雇用で働く人の割合は年齢とともに減少していき、50歳代後半では65％、60歳代前半では34・6％まで一気に下がり、60歳代後半になると13％まで減少。65歳以上も働ける企業も少なくありませんが、正規雇用の門は狭く、高齢になるほど少数派となり、非正規雇用や自営業が一般的な働き方になります。

50歳代以降の転職は賃金が減少

●就業者の就業・雇用形態(男性)

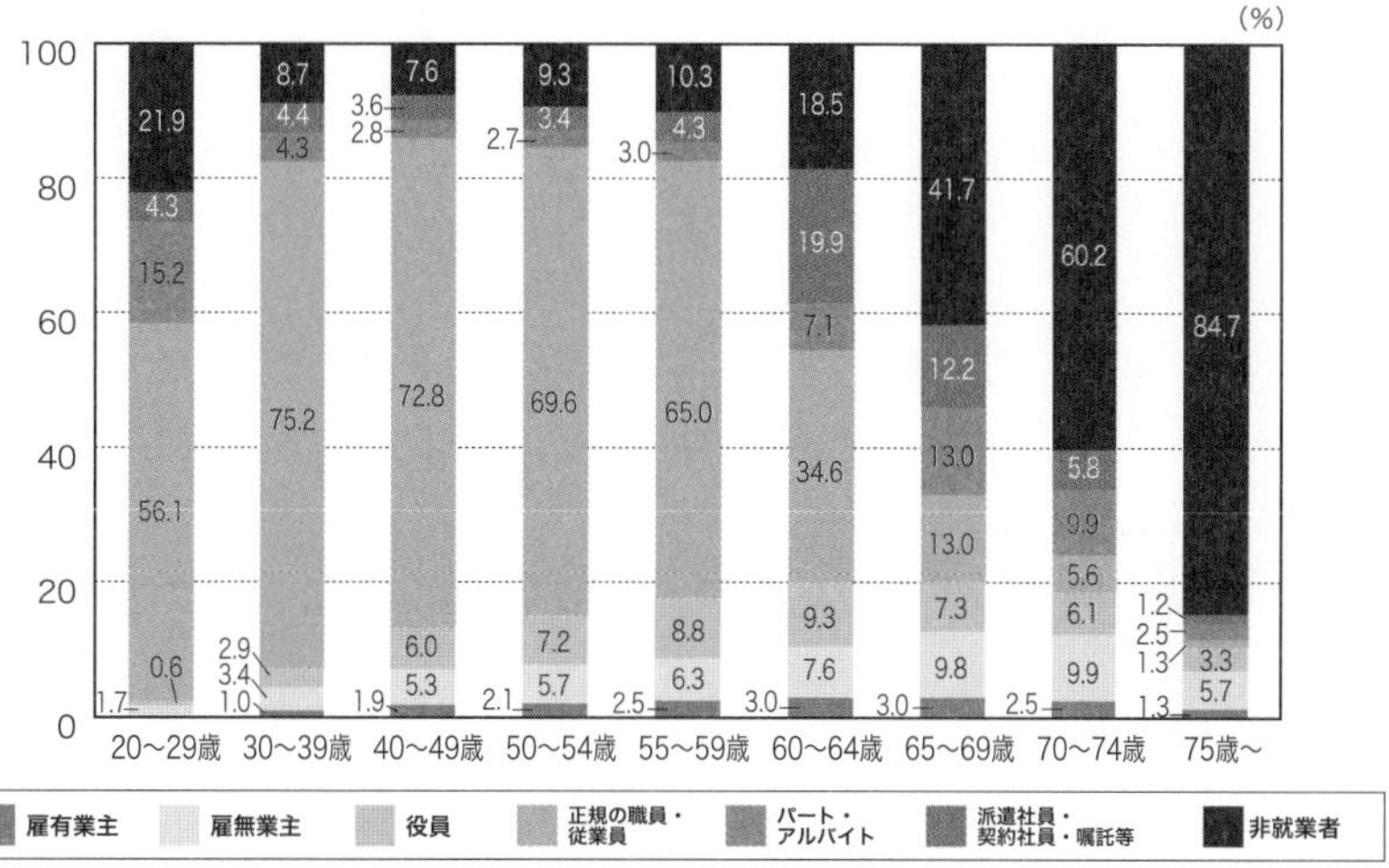

(注) 2022年の値　出典：総務省「労働力調査」

●転職者の賃金の増減

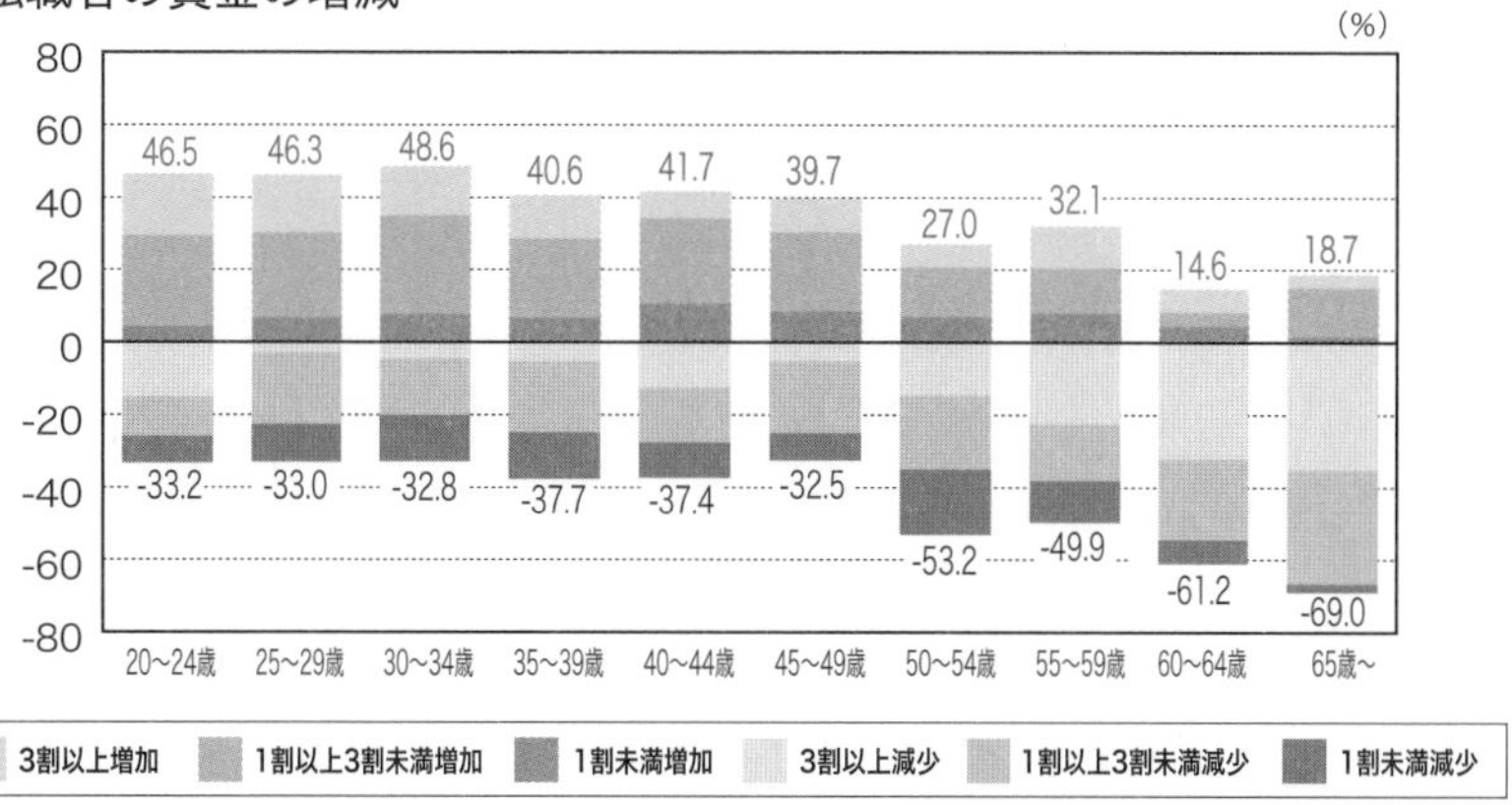

(注) 2020年の値
出典：厚生労働省「転職者実態調査」

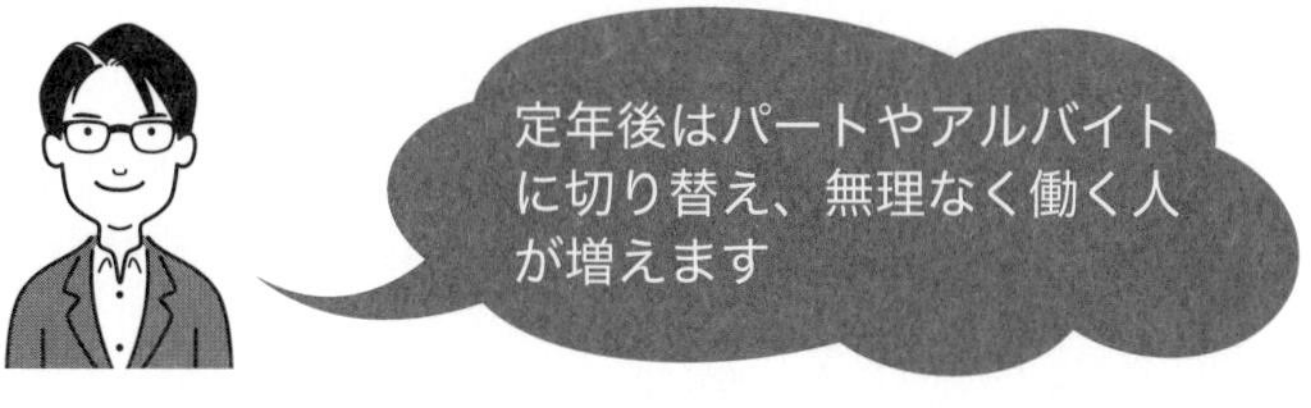

❖中高年の市場評価は想像以上に低い

定年後に非正規雇用で働くとしても、転職市場で中高年がどのように評価されるのか気になるところです。83ページの下図は、厚生労働省「転職者実態調査」をもとに転職による賃金増減を年代別に示したものです。40歳代までは転職が賃金の増加につながった人のほうが多いのですが、50歳代になると比率は逆転して、減少する人が多くなります。以降、年齢が上がるほど賃金が減少する人の割合が増えることからも、中高年の転職は厳しい状況といわざるを得ないでしょう。

60歳以上の転職の場合は非正規雇用が多いことから賃金の減少はやむを得ないとして、50歳代の転職で賃金が減少する点には注意が必要です。再雇用の待遇に満足できず転職で巻き返しを図ろうとする人もいます

60歳代以降は職探しの方法が多様に

●入職経路

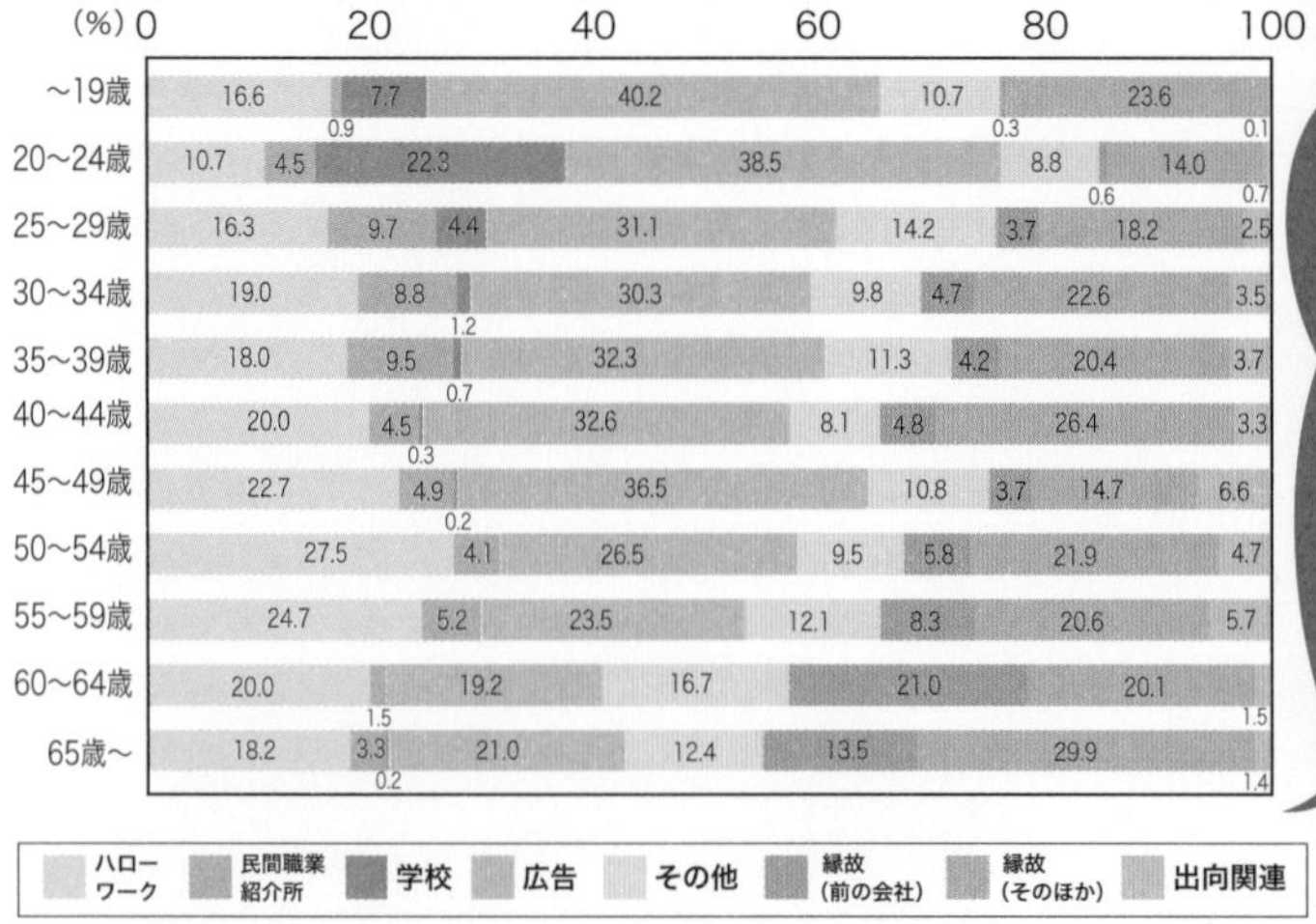

中小企業では中高年の採用意欲が高まる傾向にあり、マッチングが課題

出典：厚生労働省「令和元年雇用動向調査」

が、かえって賃金の減少につながる厳しい現実もあるということを知っておくべきでしょう。企業側が求めているのは現場で活躍してくれる人材です。転職するのであれば、企業のステータスや役職、賃金にこだわらず、一社員として再出発する心意気で臨む必要があります。

❖中高年以降は職探しが難しくなる

さらに気になるのは、中高年が転職する際にはどのような経路で仕事を見つけているのか、ということ。右下図は厚生労働省「雇用動向調査」から転職者の入職経路を年代別に調べたものです。45歳以降の中高年層は若い世代よりハローワークを通じ仕事を見つける人も多くなっていますが、60歳以降の特徴として目立つのは縁故による割合も増えていくことです。これは定年でいったん退職した後に同じ会社へ再雇用した数も含まれることが考えられます。同じ会社以外の縁故についても、関係会社などへの出向も考えられ、定年後は自力による職探しが簡単ではないことがわかります。

気になるのは、50歳代までの転職で主流となる民営職業紹介所による転職率が一気に下がることで、転職市場のビジネスにおいては中高年の評価が低いという現実がみえてきます。とはいえ、実績のある中高年の採用に積極的な中小企業も増えつつあり、求職者とのマッチングが今後の課題といえるでしょう。

今までの同業種・同職種にこだわり過ぎないことが定年後の職探しには必要です。

定年後の仕事のリアル 2-4

75歳になるとフリーランス率は30%に増加

非正規雇用の仕事と並んで、定年後に急増するのがフリーランスという働き方。ここでいうフリーランスとは自営業のことで、会社に雇われない働き方を指します。雇用関係に縛られないメリット、デメリット、定年後にどのような仕事があるのかなど、会社員には馴染みの薄いフリーランスという働き方について探ります。

❖60歳では1割、75歳では約3割がフリーランスを選択

左図は、年齢階層別に働き方の変化を調べたもので、就業形態別に8種類に分け、各年代の就業者がどの働き方に該当しているかを示したものです。自営業（雇い人なし）に分類される人たちを広義にフリーランスと捉えて見てみると、定年後は年齢を重ねるにつれ増え続けているのがわかります。50歳時点では4・7%に過ぎなかった割合が、定年後の60歳では7・8%、75歳では3割近い人がフリーランスに該当。非正規雇用に次ぐ第二の働き方として、中高年層に定着しているのがわかります。

フリーランス＝自営業とすると難しそうに思えますが、会社など組織に所属することなく個別契約で仕事を請け

60歳以降はフリーランスが増え続ける

●年齢別の働き方

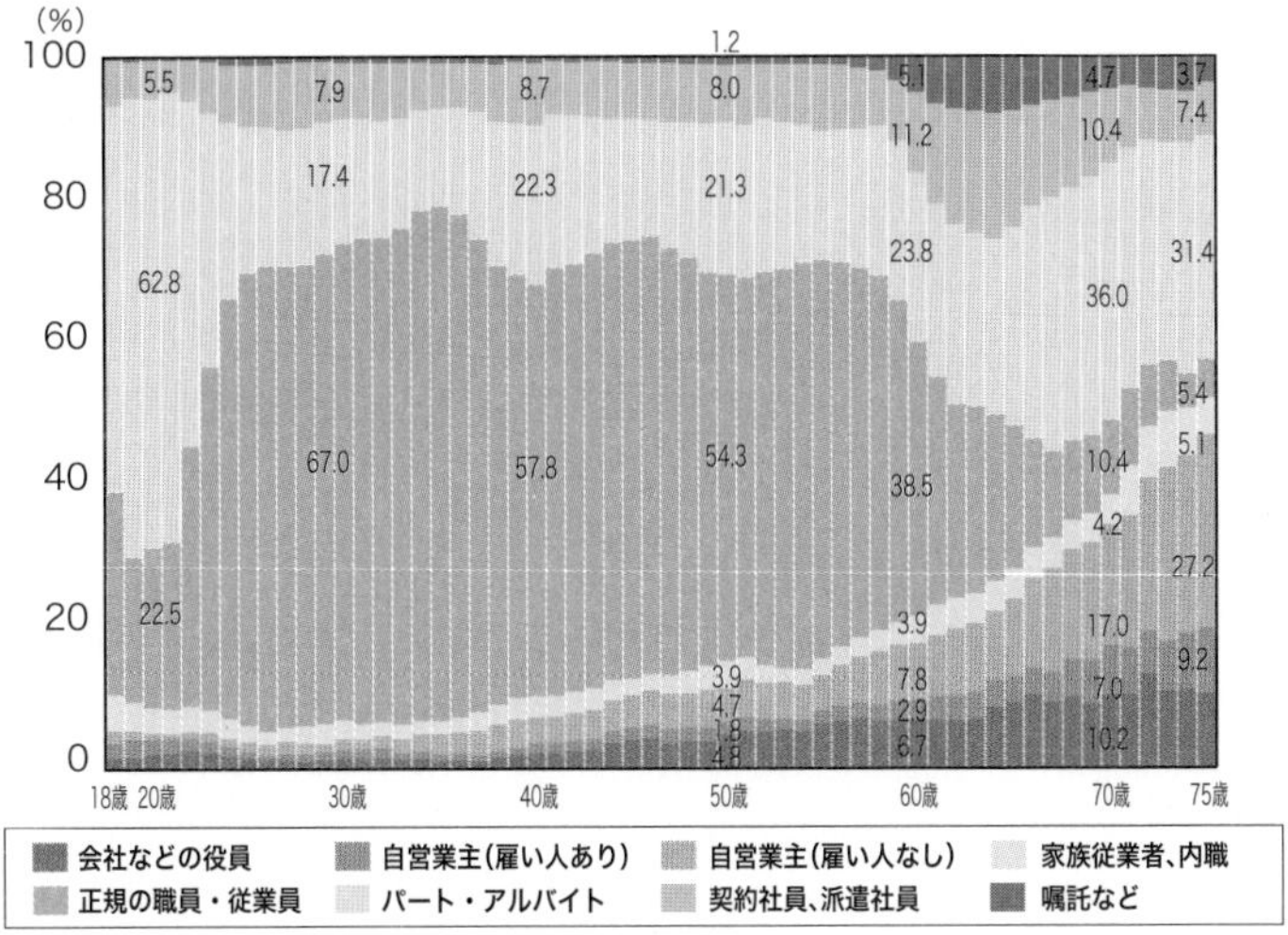

(注) 2019年の値
出典：リクルートワークス研究所「全国就業実態パネル調査」より作成

負い、その対価として報酬を受け取る働き方になります。雇用契約に縛られないため、働く時間や場所、仕事量をコントロールしやすく、自由度が高いメリットがありますが、相対的に報酬水準が低く収入が不安定というデメリットもあります。

そして、会社員との何より大きな違いは、第2号被保険者から第1号被保険者になり社会保険料のすべてを自己負担する必要があるということ。会社員の場合、医療保険や年金は給料から天引きされているので気付きにくいのですが、保険料は労使折半で事業主が半分を負担しています。ただし国民年金の支払い義務は60歳までなので、定年後であれば年金払い込みの負担はありません。

そのため、65歳以降は年金を受給しながら足りない分だけフリーランスとして小さく稼ぐ、という選択をする人も多いと考えられます。

❖フリーランスの職種は多種多様

ひとくちにフリーランスといっても職種は多種多様にあり、定年後の仕事としてどんな選択肢があるのか気になるところです。下図は60歳以上で自営業（雇い人なし）として働く人の職種を調べ、必要となる専門性の程度によって3つのカテゴリーに分類したもの。

1番目のカテゴリーは、国家資格など高度な専門性が必要とされる職種で、資格の取得難度が高く資格によって独占されている仕事でもあり、高齢でも働き続ける人が多い職種です。定年後を見据えて40歳代、50歳代から学び始めて、税理士や司法書士などの国家試験に臨む人も少なくありませんが、実際には狭き門といえそうです。

2番目はフリーランスとして一番のボリュームゾーンで、一人親方の建設作業者、雑誌やWebのライタ

造園業やマンション管理人などが人気

●フリーランスの職種内訳（60歳以上）

必要となる専門性の程度	職　種
高度な専門性が必要とされる職種	■機械設計（2.4万人）、■建築設計（4.0万人） ■弁護士・弁理士・司法書士（4.2万人）、■公認会計士・税理士（2.3万人） ■経営・会計コンサルタント（2.6万人）、■ソフトウェア開発職（1.4万人）
一定の専門性を必要とする職種	■理美容師（8.1万人）、■自動車等整備・機械保守（3.8万人） ■建設作業者（4.0万人）、■施工管理・現場監督（3.5万人） ■不動産営業（3.1万人）、■保険営業（2.2万人）、■不動産仲介（3.3万人）、 ■そのほか営業職（6.6万人）、■柔道整復師・マッサージ師（1.9万人） ■記者・編集者・ライター（1.9万人） ■グラフィックスデザイナー（2.0万人）
必ずしも高度な専門性を要しない職種	■調理（4.6万人）、■マンション等施設管理（2.6万人） ■農業・造園（9.0万人）、■ドライバー（4.8万人）、■配達（1.5万人）、 ■販売促進（2.0万人）、■販売店員（5.3万人）、■写真家（1.9万人）、 ■塾・個別指導講師（6.0万人）、■インストラクター（4.2万人）

（注）2019年の値
出典：リクルートワークス研究所「全国就業実態パネル調査」

ー、デザイナーなど、一定の専門性を要する職種です。会社員であっても営業職の人であれば、定年後に備えて専門知識を学んでおいて、不動産、保険などの営業代行を請け負うという選択肢も。また、理美容師やマッサージ師などは高齢者施設などへの出張施術のニーズも高く、フリーランスとしても長く働ける仕事といえます。

3番目は、必ずしも高度な専門性を必要としない職種。たとえば、農業・造園業などは個人宅の庭木の剪定や公園の植栽を管理する仕事もあり、高齢者に人気の職種でもあります。ほかにも、調理補助やマンションなどの施設管理の仕事なども、高齢者の仕事として定着している職種といえるでしょう。

シニア世代がこうした仕事に就くため一定の役割を果たしているのが、全国市区町村に置かれたシルバー人材センターです。シルバー人材センターは、高齢者が働くことを通じて生きがいを得るとともに地域社会に貢献するための組織で、60歳以上であれば誰でも会員登録できます。センターは全国の市区町村単位に設置されていて、地域の企業や家庭、公共団体などから仕事を受注し、会員から適任者を選んで業務を依頼。会員は業務をこなしてセンターから配分金（報酬）を受け取るというシステムです。

フリーランスの場合、職種により働き方も収入もさまざまですが、体力に応じて無理なく働くことができ、定年後の自由な働き方として大いに選択の余地がありそうです。

定年後、年金をもらいながらフリーランスで少し稼ぐという働き方は現実的な選択肢です。

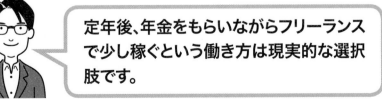

70歳代前半で事務職の割合は9.1%に減少

職場における地位や労働時間が変化するとともに、定年後は仕事の内容も大きく変化します。ここでは年齢による職種の変化を捉えながら、定年後にありうる働き方について検証していきます。

❖デスク仕事から現場仕事へシフト

左図は総務省「国勢調査」をもとに年齢階層別の職種構成について調べた結果です。データからは、定年を迎える60歳以降にかけて職種の構成比率が変化していることが見て取れます。定年を境に大きく減るのは事務職や専門・技術職で、いわゆるデスクワークに分類される仕事。このうち事務職は年齢を問わず求職者が多いこともあり、高年齢求職者にはかなり狭き門といえます。定年後は専門・技術職の人も減る傾向にありますが、これは企業が求める高いスキルを満たす人材が高齢者に少ないため。時代の変化に対応した高度な専門性が必要であり、こちらも無理なく働きたいと考えるには難しい職種といえるでしょう。

逆に定年以降に増えていく職種としては、農林漁業、運搬・清掃・包装等、サービス業などがあげられます。例

60歳代以降は現場仕事が増える傾向に

●年齢階層別の職種構成

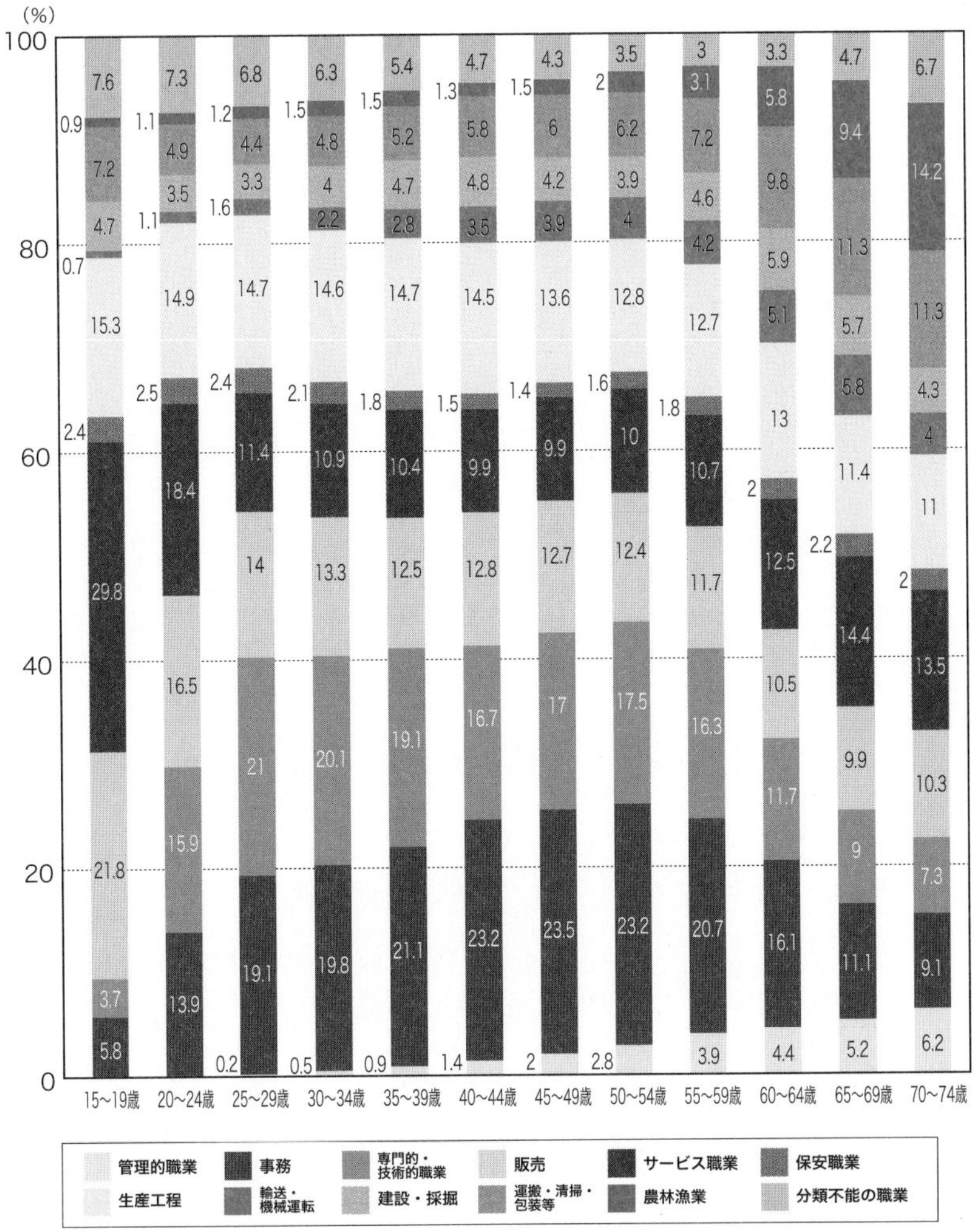

（注）2015年の値　出典：総務省「国勢調査」

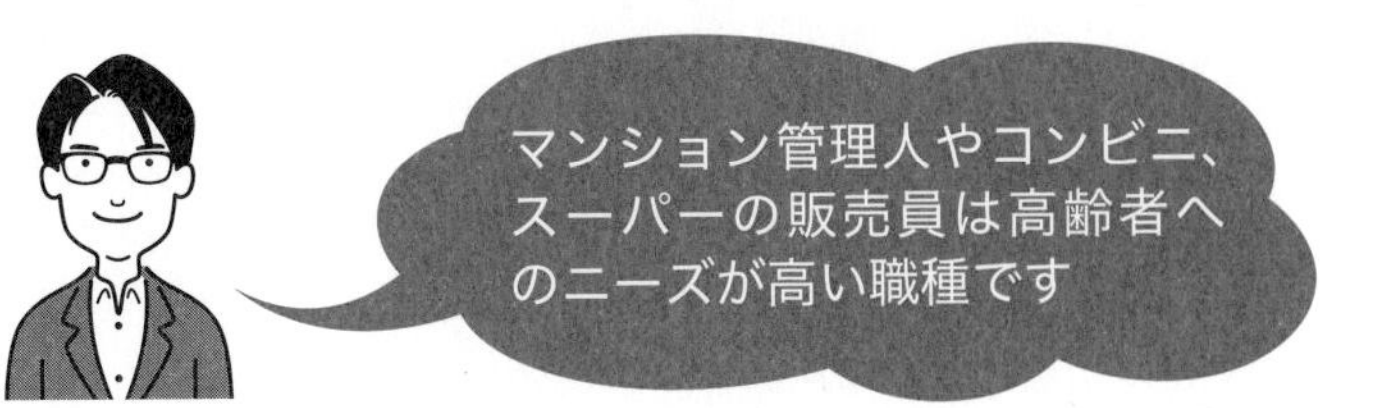

えば農林漁業の場合、50歳代後半の3・1%から70歳代後半の14・2%まで徐々に増え、高齢期としては最も多い職業に。これは定年後に帰郷して実家の家業を継ぐ人や、移住先で農業法人や個人農園で働く人が増えるためと考えられます。またサービス業で顕著に増加するマンションやビルの管理人は、人生経験を積んだ人の対応が求められる仕事でもあり、高齢者に適した職種といえそうです。販売職も高齢者の比率が高い職業で、コンビニやスーパーの店員などが該当します。いずれも地域に密着した仕事でコンビニの利用者などは高齢者が多いこともあり、世代の近い60歳代以降の働き手にも高いニーズがあるようです。

そのほか運搬・清掃・包装等の仕事には、タクシーや高齢者施設送迎車のドライバー、ホテルや複合施設における清掃作業などがあり、高齢者を積極的に受け入れる企業が多くあります。

60歳から労働時間が徐々に減少

●労働時間の分布

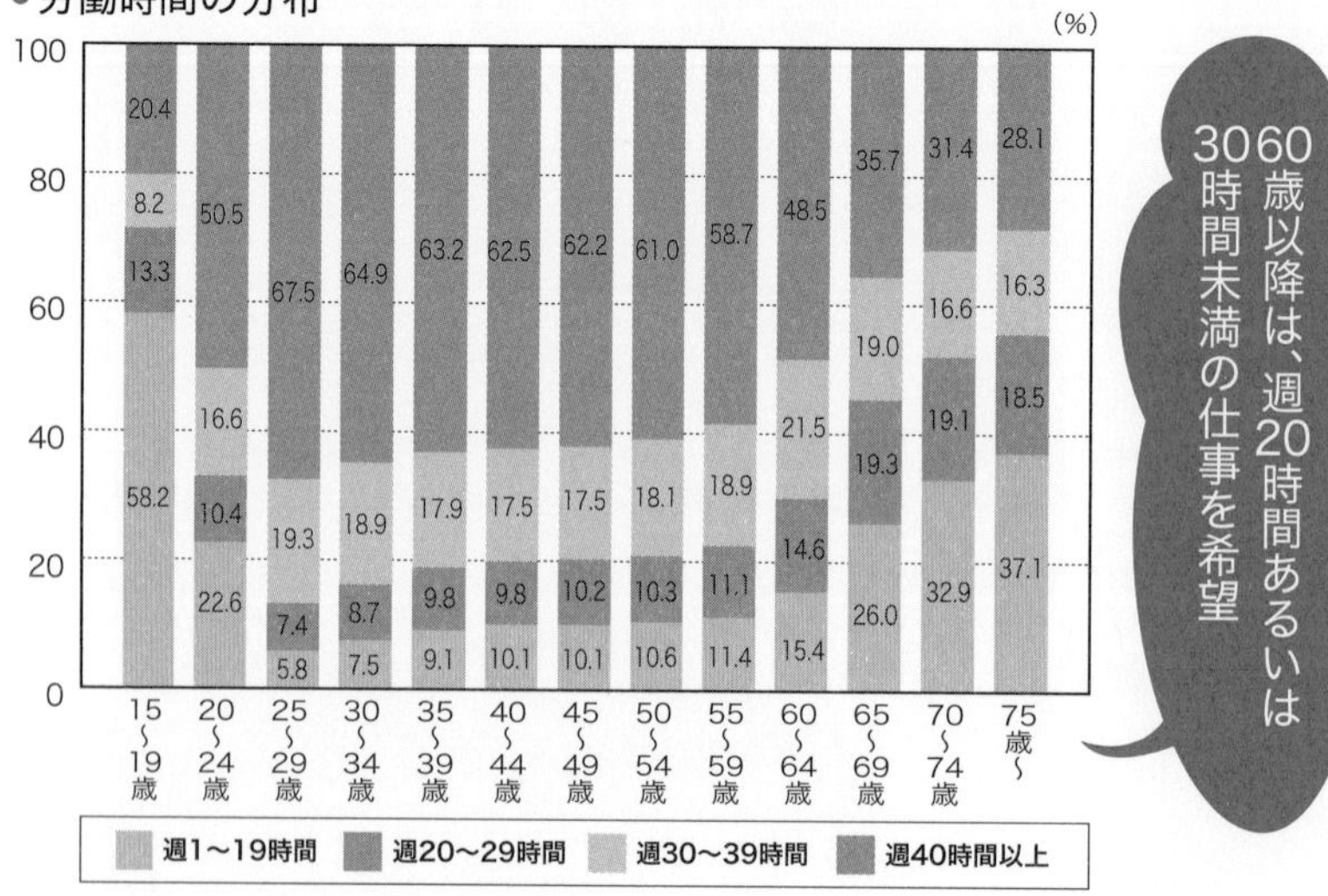

(注) 2019年の値　　出典：総務省「労働力調査」

❖多くの人が短時間で働くことを希望

60歳以降の働き方を検証してみると、これまでの人生経験を活かしつつ、無理なく自分のペースで働いている姿が浮かび上がります。

総務省「労働力調査」をもとにまとめた右図の年齢階層別労働時間の分布からわかるように、定年後は労働時間も大きく変化しており、年齢を重ねるごとに労働時間を減らす人が増える傾向にあります。50歳代後半では週40時間以上働く人が6割近くを占めていますが、定年後の60歳代以降を境に長時間労働が減少。代わりに週1〜19時間働く短時間労働の人の割合が、60歳代前半で15・4%、60歳代後半で26%、70歳代前半では32・9%と、年齢が上がるごとに増えていきます。

短時間労働が増えているのは多くの人がそう望むからであって、総務省「労働力調査」のほかのデータによれば、65歳以上の83・9%の人が現在の労働時間について「増減希望なし」と回答。短時間労働は高年齢就労者の希望に沿った働き方であるのがわかります。定年後の働き方に多い農林漁業や販売、サービス業などの職種は労働時間をコントロールしやすい側面もあり、高年齢就労者が望む短時間労働に適した働き方ともいえるでしょう。

成長を追い続けるだけが人生の命題ではありません。定年後はむしろ、生活と仕事を両立させる無理のない働き方を選ぶ人が多いようです。

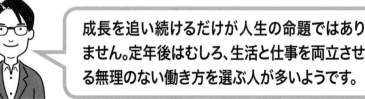

60歳になると能力の低下を自己認識する

定年後は未経験の職種に就くケースも多く、慣れない仕事にうまく対応できるのか気になるところです。実際、定年後の仕事にストレスはないのでしょうか。仕事で求められる能力と課される負荷についてどう感じるのか、年代ごとの変化を見ながら考察していきます。

❖定年を機に仕事の負荷は下がる

仕事に必要とされる能力全般と仕事の負荷が5年前と比べてどう変化したのか、20歳代から70歳代の回答をまとめたのが左図です。横軸は各年齢層を、縦軸は「向上・拡大した」と答えた人の割合から「低下・縮小した」と答えた人の割合を差し引いた数値になります。縦軸のゼロから上の領域にある数値は拡大を表し、ゼロから下の領域にある数値は縮小していることを表しています。

グラフを見ると、定年前の59歳までは能力、負荷ともに拡大を続けていますが、60歳からはどちらも大幅に縮小しています。興味深いのは60歳を境に能力に対して仕事の負荷が下回るようになり、その差が年を重ねるほど開いていること。つまり、60歳代以降の就労者は、自分の能力が低くなる以上に仕事の負荷が下がっていくと感じていることがわかります。あくまで回答者の主観による数値なので、自身の能力を過大評価している可能性もありますが、60歳以降になると能力低下を自覚しつつも、与えられる仕事に対して感じるストレスは減っていくということがわかります。

さらに、仕事の能力を「対人・対自己能力」「専門知識・専門技術」「処理力・論理的思考力」などに細分化して同様の調査を行ったところ、多くの人が60歳以降も「対人・対自己能力」が伸び続けていると回答。その一方で「専門知識・専門技術」はおよそ70歳代後半から、「処理力・論理的思考力」は50歳代後半から低下していると回答しています。高年齢者の対人能力については雇用側の評価も高く、人と関わる職種で多くの高年齢者が活躍しているのはこのためでしょう。

仕事に必要な能力と負荷はどう変化する？

●職業能力と業務負荷の変化

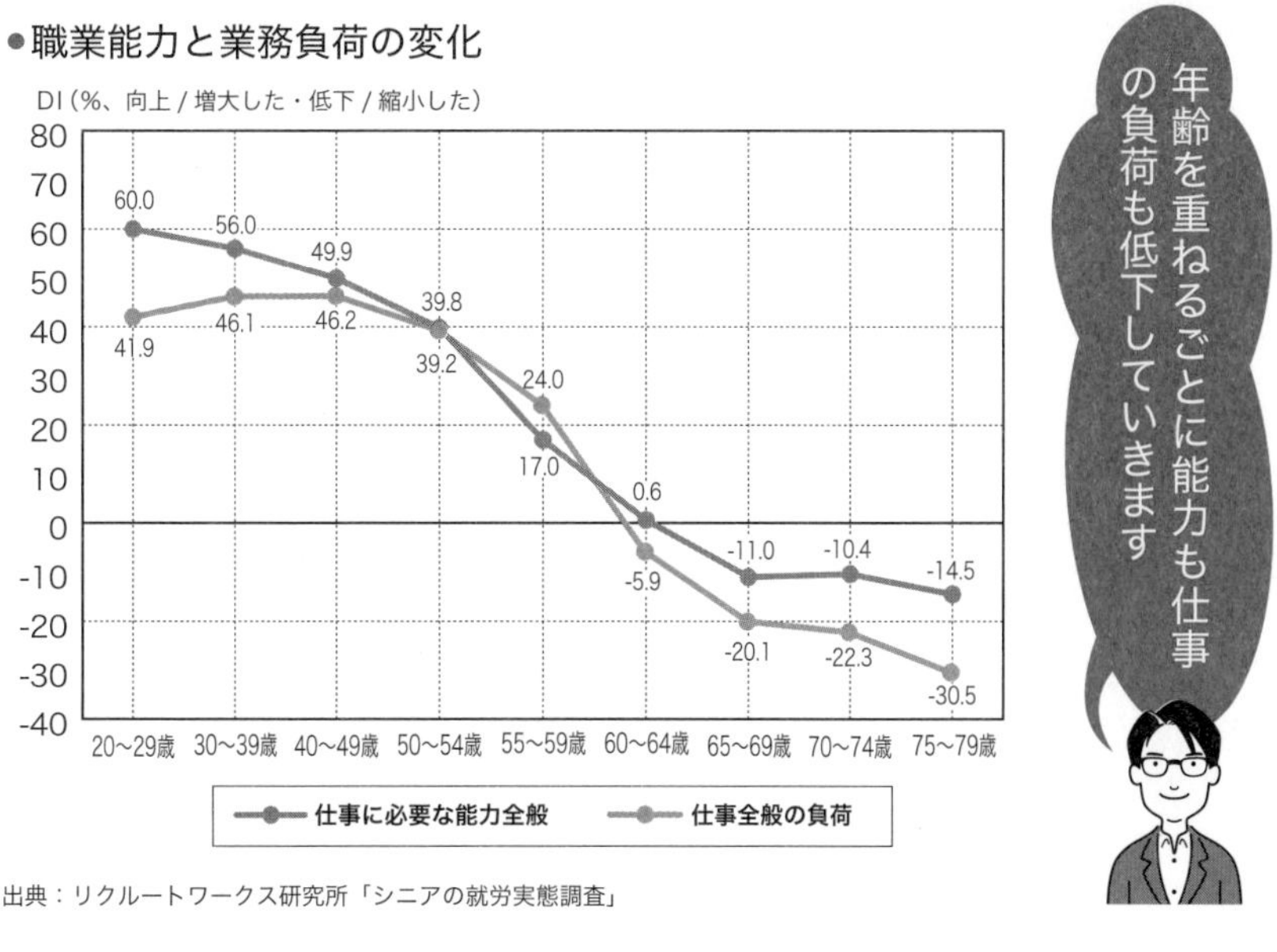

出典：リクルートワークス研究所「シニアの就労実態調査」

❖ 仕事の満足度は定年後に上がる

定年後は働き方の変化に伴い、短時間労働で少額の収入を得る仕事が主流になります。労働時間が減って働くことのストレスは減少していきますが、仕事そのものには満足しているのでしょうか。下図は、リクルートワークス研究所「全国就業実態パネル調査」をもとに仕事の満足度を年齢別に表したもの。グラフを見れば一目瞭然ですが、現役時代と比べて定年後は圧倒的に仕事に満足している人が増えているのがわかります。仕事に満足している人の割合は、入社間もない20歳前後では4割を超えていますが、以降は徐々に下がり30歳から50歳までの間は35%前後で推移しています。50歳以降になると満足している人が増え始めますが、この時期は役職に就くなどして収入が高くなることが関係しているかもしれません。その後も年を経るほど

高齢者は仕事に満足している

●仕事に満足している人の割合

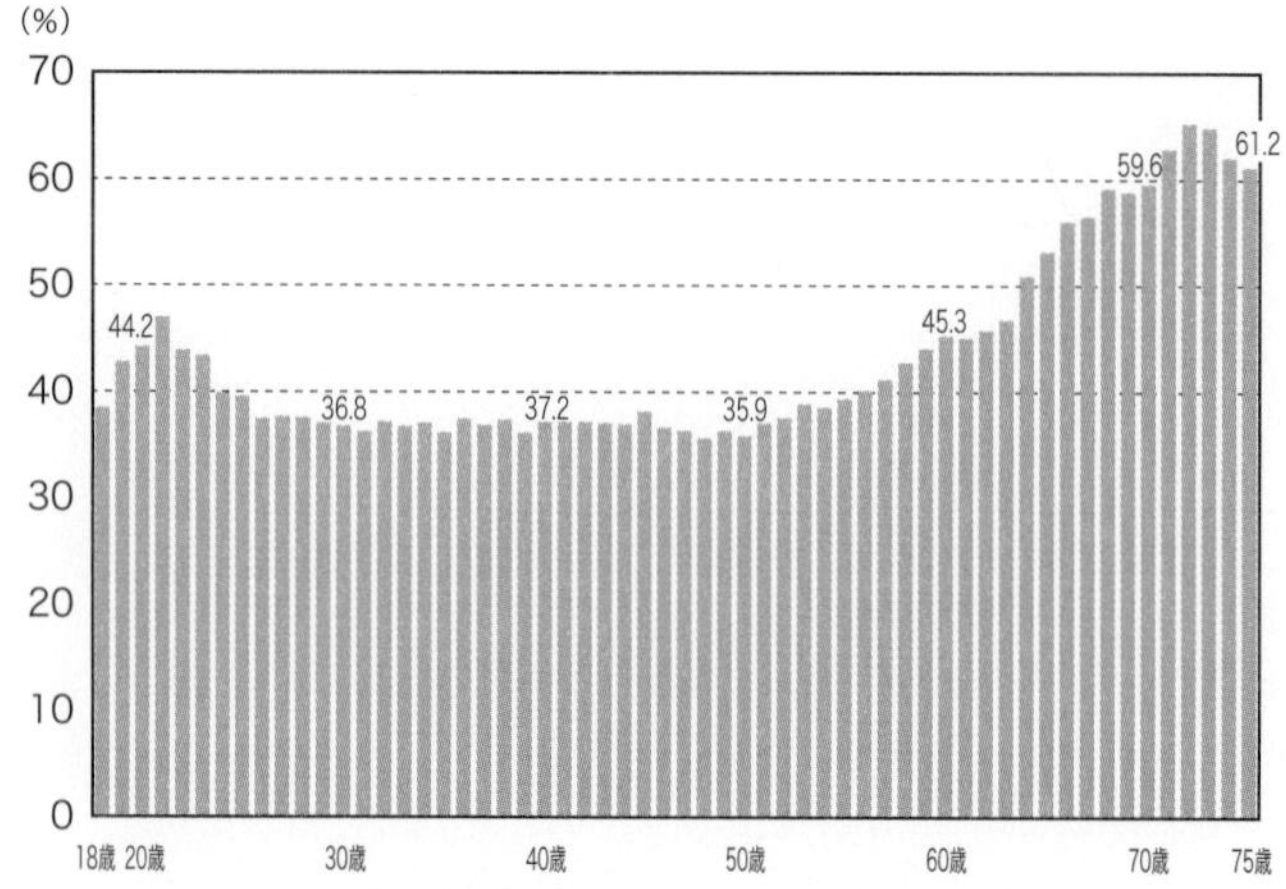

(注) 2019年の値　出典：リクルートワークス研究所「全国就業実態パネル調査」

と回答しています。60歳以降は処遇が低い割に満足度が高いことが意外な結果でありますが、年齢とともに仕事の負荷が下がりストレスが減ったことが要因といえるかもしれません。

に満足している人が増え、60歳では45・3%が、70歳では59・6%の人が仕事に満足している

❖生活の中心は会社から家庭や地域・趣味へ

これまでのデータからは、定年後に働く人たちは思いのほか自分の仕事に満足していて、熱心に取り組んでいる様子がうかがえます。定年後の仕事については、所属する組織のステータスや職場におけるポジション、短時間労働や報酬の低さなどが目について、現役世代には価値のない仕事に見えるかもしれません。現役世代の多くは家庭より職場で過ごす時間が長いため、会社における立ち位置から物事を判断しがちです。しかし、定年後は生活の中心が会社から家庭や地域・趣味に移るため、仕事に対する価値観も大きく変化します。仕事の満足度が高いのは、働く時間を短くしてプライベートな時間を多く確保することで、ワークライフバランスのとれた生活を実現できているからと考えられます。全てにおいて仕事を優先していた時代は過去のものとなり、仕事、家庭、趣味、健康、地域活動など、さまざまな物事に関心がひろがるようになります。定年後の仕事を考えるうえで大切なのは、日々の幸福度をいかにして上げるかに焦点を当てて、働き方を模索することではないでしょうか。

大切なのは、社会的地位や高い専門性を維持することではなく「定年後の仕事は幸福度が高い」ことに気付くことです。

仕事の価値観で最も重要でなくなるのは「高い収入を得ること」

定年後は、短い時間で小さく働き生活費の不足を補うスタイルが主流となり、多くの人はその「小さな仕事」に満足していることもわかります。定年後の人は何を求めて働くのか、年齢を経て変化する仕事の価値観に答えを探し、小さな仕事の意義を考えてみます。

❖ 環境の変化が仕事の価値観を変える

仕事の第一の目的が「収入を得る手段」であることには、多くの人にとっても異論のないことでしょう。しかし働くことの意味はそれだけではなく、人は働くことで喜びや体験など、さまざまなものを得ているのも事実です。リクルートワークス研究所の「シニアの就労実態調査」では、こうした仕事に対する価値観を23の尺度にまとめ、それぞれについて重要と思うか、そうでないかを60歳未満（定年前）の就業者と60歳以上（定年後）の就業者に尋ね、五つの選択肢から回答を得ています。左図は、60歳未満（定年前）の就業者と60歳以上（定年後）の就業者との間で、それぞれの価値観を重要であると答えた人の割合の差を表したものです。

これによると定年前の人の多くは、高い収入や昇進に最も高い価値を見出していることがわかります。働き盛りの世代がこうした価値観を持つのは自然なことで、仕事のパフォーマンスを上げる原動力ともなります。人生の中盤においては守るべき家族も多く、食費や教育費、住宅費など、とかくお金がかかるもの。安定した生活を築くためには、昇進してより高い収入を得ることが重要となります。

しかし、定年を迎える頃には教育費の負担から解放され、家計の支出額が大きく下がることから、必要となる収入の額も下がることになります。こうした定年後の状況の変化は、仕事の価値観も大きく変えることになり、定年後の価値観についての調査結果を見ると、社会や人の役に立つこと、人との交流、身体を動かすことなどに価値を見いだしていて、定年前と比べて大きく変化していることがわかります。

定年後は他者への貢献に価値を見いだす

●定年前と定年後の仕事の価値観の差

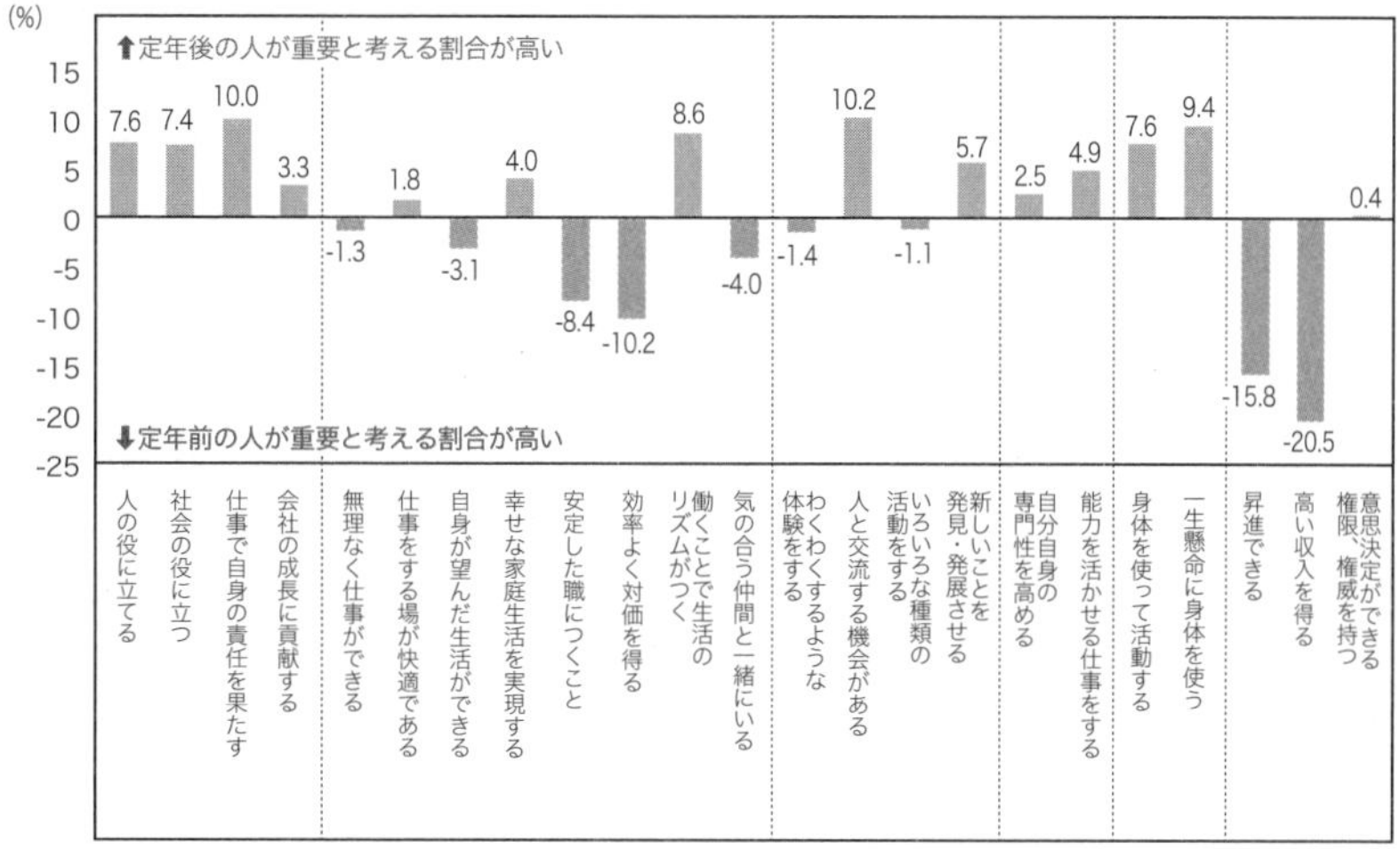

出典：リクルートワークス研究所「シニアの就労価値に関する調査」より作成

❖定年後の小さな仕事が日本の経済を支えている

定年後の多くの人は仕事における価値観として、収入や地位より、社会や人の役に立つことを重要と考えていることがわかりました。しかし、定年後の「小さな仕事」がどれほど社会の役に立っているのか、疑問に感じる人もいるのではないでしょうか。

下図は内閣府「国民経済計算」をもとに、各年齢層の労働者が経済全体にどれほどの付加価値を生み出しているかを推計しグラフにしたものです。上側の棒グラフは２０１９年、下側は２００７年の付加価値創出額を表しています。結果を見ると、12年の間に60歳以降の貢献度が大きく伸びていることがわかります。60歳以降の就業者全体が生み出す付加価値は２００７年時点で72・5兆円ですが、12年後の２０１９年には

60歳以降の経済貢献度は12年で３割上昇

●年齢別の付加価値創出額の変化

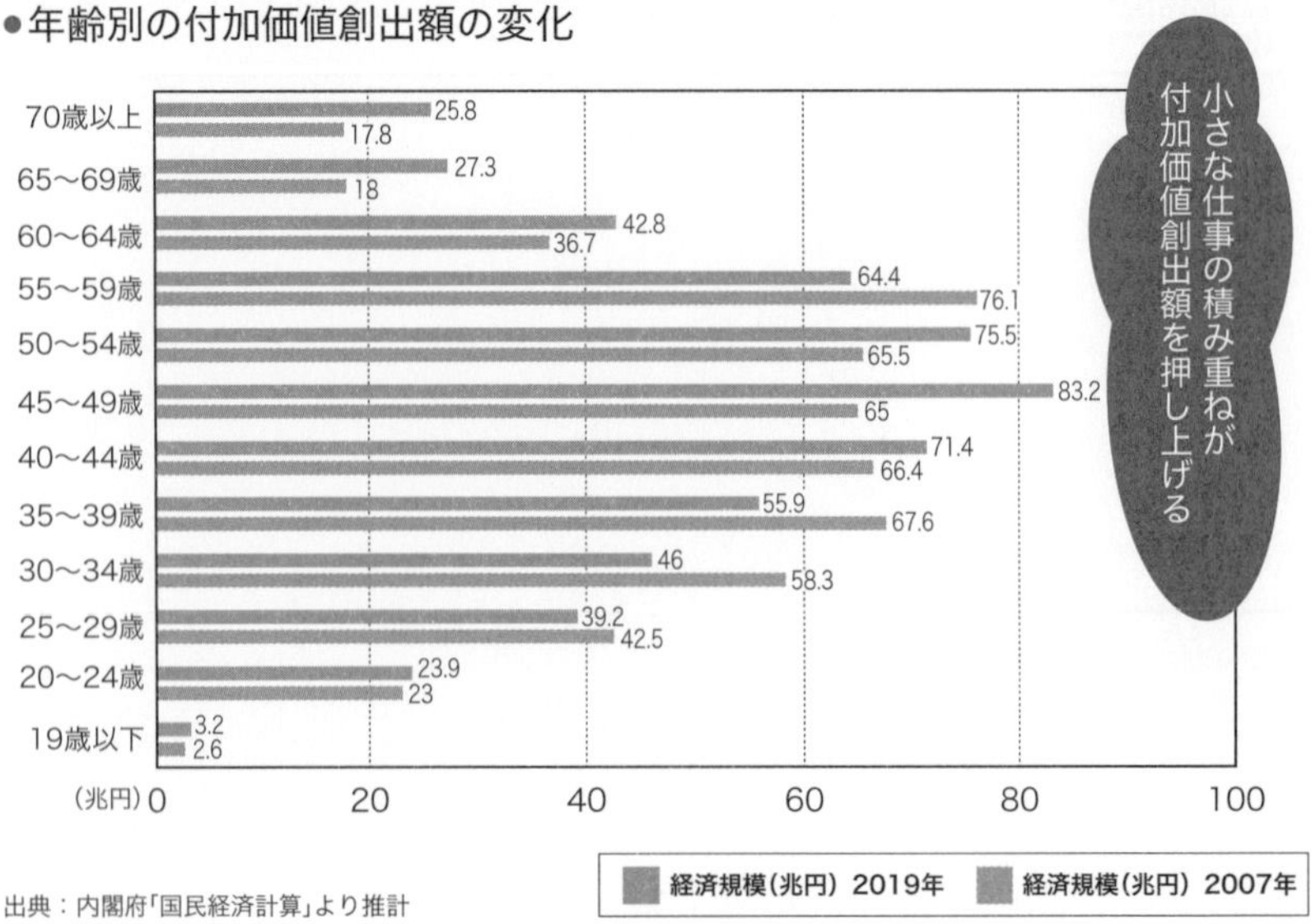

出典：内閣府「国民経済計算」より推計

95・9兆円まで増加しています。

特に伸び率が大きい70歳以上について調べてみると、2007年時点の平均給与は348万円であるのに対して2019年には282万円に減少、その一方で就業者数は260万人から464万人に増えていることがわかりました。定年後の「小さな仕事」が積み重なり、付加価値創出額を押し上げていたのです。

60歳以降が生み出す付加価値創出額が飛躍的に伸びた背景には、2007年当時は定年以降のほとんどの人が仕事をリタイアしていて、一部の限られた人のみが働いていた事情もあります。小さな仕事で多くの人が働くようになった結果、60歳以降の付加価値創出額は23・4兆円も増加。その額は、過去最大といわれる2023年度予算案の約2割にあたります。

国立社会保障・人口問題研究所によれば、少子高齢化の日本の人口は、2050年に1億192万人とピーク時の8割まで減少すると推計されています。同年の高齢者比率は37・7％と大幅な増加が見込まれるのに対し、生産年齢人口の比率は51・8％まで減少。遠くない日本の将来を見据えると、小さな仕事であっても、一人でも多くの人が長く働くことは不可欠であり、定年後の仕事が持続可能な日本社会の支えとなることは間違いないでしょう。

一部の人が生み出す画期的なイノベーションと、多くの人々による小さな仕事は経済の両輪。経済とは、小さな仕事の積み重ねなのです。

定年後の仕事のリアル
Question 11

定年後は組織の中で働きたくありません。フリーランスに挑戦してみたいのですが

56歳
会社員

大学卒業後、ずっと会社員として働いてきましたが、会社の決まり事や人間関係でのストレスが多いのが悩みです。いまから資格を取って、定年後はフリーランスでもっと自由に働きたいのですが可能でしょうか？

❖ 専門性の高くない仕事であれば働ける可能性はある

定年後にどのように働くかの選択肢はさまざまです。中には「長く組織の中で働いてきたから、定年後はもっと自由に働きたい」という夢を持つ人もいるでしょう。では、実際に定年後にフリーランスで働いている人はどれぐらいいるのでしょうか。2019年の総務省「労働力調査」によれば、就業者のうちフリーランス（雇用者なしの自営の人）が占める割合は、60代前半では8・4％、60代後半では10・9％。こうしてみると意外と多いと感じますが、これはもともとフリーランスで働いていた人も含まれた数字です。中小企業庁の資料（2016年）でフリーランスになった年齢を見てみると、60代は3・9％と、決して多いとはいえないことがわかります。

とはいえ、フリーランスとして働くのが非現実だというわけではありません。現役世代でフリーランスになろうとすると、収入の不安定さや社会保険が手薄な点などがデメリットになりますが、定年後であれば、それらの影響は薄くなります。「たくさん稼がなくてもいいから、年金を受け取りながらフリーランスで働きたい」というのであれば、選択肢として考えてみてもよいでしょう。

フリーランスとして働く場合の仕事は、①機械設計や建築設計、弁護士、司法書士など高度な専門性が必要な職種、②理美容師や自動車整備、建設作業者など一定の専門性が必要な職種、③調理やマンションなど施設の管理、ドライバー、販売店員など、必ずしも専門性を必要としない職種の大きく3つに分けられます。この中の③の職種であれば、定年後から心機一転、仕事をすることも可能でしょう。

❖ キャリアプラン・ライフキャリアを考えてみよう

フリーランスで働く場合、その仕事への適性を知る必要があります。そこで考えたいのが、自分の「キャリアプラン」です。キャリアプランとは、この先どのように働きたいのか目標を持ち、その実現のために計画を立てることです。その過程では、自分の人生や生き方そのもの（ライフキャリア）についても考えることになります。

キャリアプランを立てるためには「自己理解＝自分自身を知ること」が必要です。仕事をしてきた中で体験した問題・課題を洗い出し、それにどう対処したか、その結果得たものは何かを書き出してみてください。また、実務や人間関係に関する能力、仕事上の強み、弱みも整理しましょう。もう一つ必要なのが、「外部環境の変化」を捉

自分の仕事への適性を知るには？

●将来のキャリアは２大要素で考える

ライフキャリア

自己理解

仕事上のこと

・仕事上の強み、弱み
・思い出深い取り組み

プライベートのこと

・影響を受けた出来事

外部環境の変化

社会の変化

会社の変化

家族（自分）の変化

↓

理想の将来像

●会社員からフリーランスのルート例

えること。例えば、今はニーズの高い業界や仕事であっても、この先は変わっていくかもしれません。そうした変化の可能性も考えて、キャリアプランを考えるとよいでしょう。

仕事への適性を確認するために、会社員のうちから副業してみるのもおすすめです。その中で自分に合うもの、これがやりたいという職種が見つかれば、その仕事を得るためにスキルアップに励みましょう。また、いきなりフリーランスになるのではなく、会社員から業務委託、業務委託からフリーランスとステップを踏んでいくのも、失敗しないための一つの手です。フリーランスを目指すなら現役のうちから計画し、行動に移していきましょう。

Answer 2

✳✳ フリーランスになりたいなら周到な準備を何の職業が向いているかキャリアプランを考える

Point

現役時代に副業をして検証

今は副業をOKとする会社も増えています。単発でできる仕事もあるので積極的にチャレンジしましょう。その中で思わぬ適性が見つかるかもしれません。

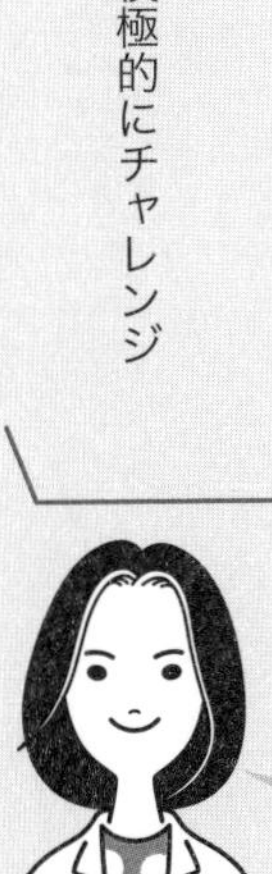

定年後の仕事のリアル
Question 12

55歳を過ぎ、体力がガクンと落ちました。定年後も働けるか心配です

57歳
会社員

3年後に定年を迎えます。これまで、全力で仕事に取り組んできましたが、最近、体力の衰えや仕事に対するモチベーションも低下気味です。定年後も継続雇用で働き続けることが正解なのか悩んでいます。

❖年齢が上がるほど体力・気力・理論思考能力は低下

仕事をしていくうえで、キャリアアップを目指し能力を高めることで、給与を上げていくことは、大切なことの一つ。若いうちは、成長し続け、任される内容も重く、生活の中心が仕事になっている人も多いでしょう。ですが、50歳代を過ぎる頃から、役職定年などで、若い頃と比べて仕事の責任が軽くなり、体力も衰えて仕事に対する向き合い方も変わってきます。リクルートワークス研究所の「シニアの就労実態調査」によると、年齢が上がるほど、体力・気力や理論的思考能力が低下していると感じている結果があります。このことから、50歳代を過ぎると体力が衰えてくるのは、当たり前のことと言えるでしょう。

一方で、対人能力や専門知識・専門技術はそれほど低下していないという結果から、人との交渉術や専門的な能力については、経験値を積むほど向上するという側面もあります。

こういった年齢とともに変化していく仕事への能力に合わせて、定年後の働き方を考えていくといいでしょう。例えば、老後のマネープランを確認し、60歳を過ぎてもフルタイムで働く必要があるのかどうか。もし、資金面に余裕があれば、週3日や時短勤務に変えることで、体力の衰えはカバーできます。また、専門知識や技術を持つ職業についているなら、能力を活かし若手をサポートする側に回り、経験値を活かせる仕事に就くという方法もあります。継続雇用で働き続けるとしても、自分の適性に合わせた働き方を考えて会社と交渉しておくことで、仕事に対するモチベーションアップにもつながるでしょう。

❖ 定年後の給与は少なくなるが、その分ストレスも軽くなる

定年後の働き方は、現役時代と比べ能力の変化があることから、大きく変化する時期でもあります。P108のグラフは、仕事の負荷を年齢別で表したものです。これによると、どの項目も年齢が上がるほど低下する傾向にあります。中でも、「仕事からの報酬」「仕事の量」「仕事の権限」が大きく低下しています。一方で、「仕事の難しさ」はそれほど変わっておらず、定年前と比べて、仕事の内容は変わらないものの、責任の重さや仕事の量が少なくなり、その分、給与もそれなりになっていくという形が定年後の働き方のスタンダードとなります。

確かに、定年後は、現役時代と比べ給与額は少なくなりますが、責任の重い仕事から解放され、家族の生活のた

仕事の量、権限、報酬は失われやすい

●仕事の負荷（年齢別）

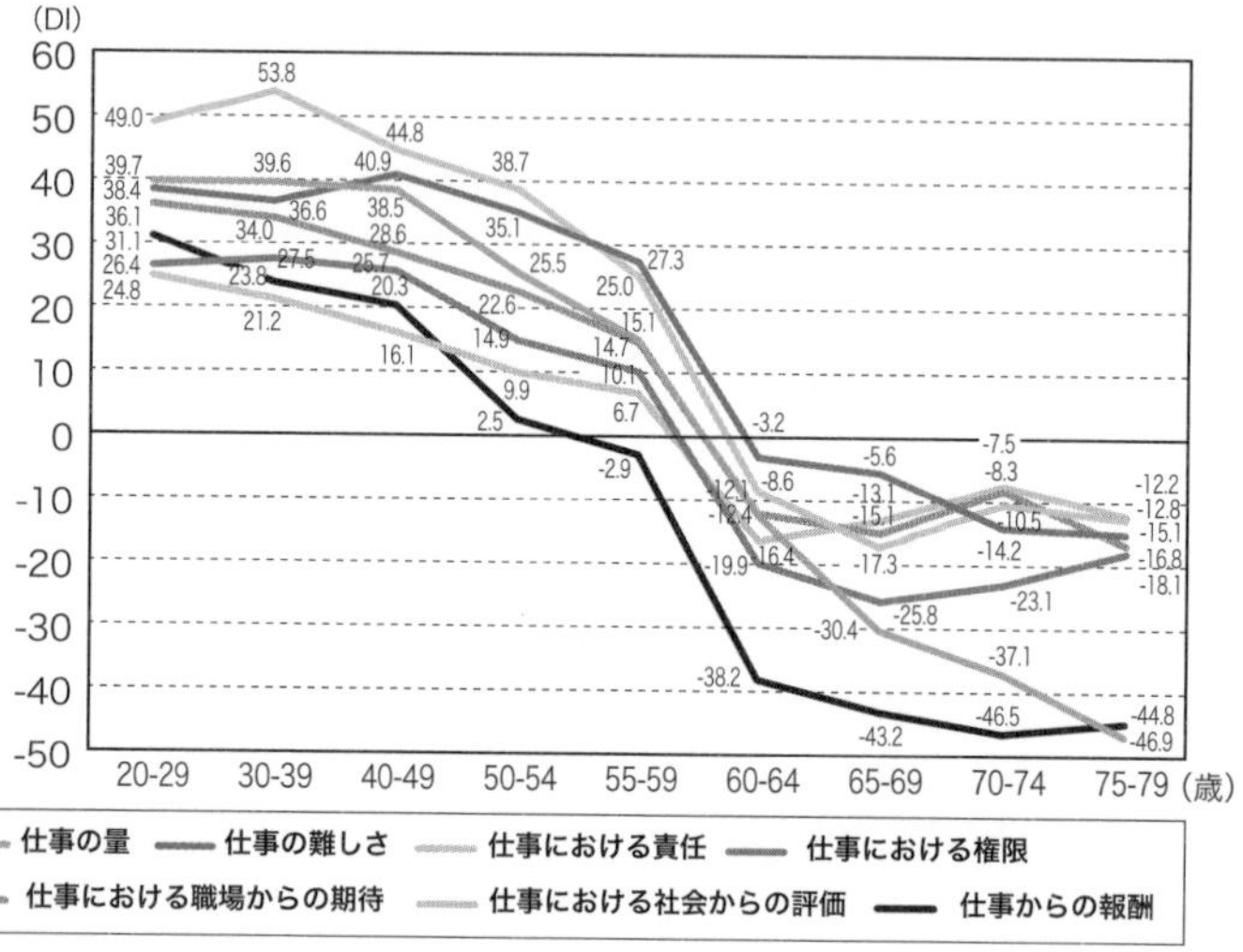

出典：リクルートワークス研究所「シニアの就労実態調査」

めに多く稼ぐ必要もなくなりますので、その分、仕事中心の生活からも解放され、ストレスも軽くなります。趣味やスポーツ活動、社会貢献、学び直しなど、仕事以外のことで人生の充実度を図れる時期でもあります。また、生活のための収入を得るために働くのではなく、仕事を通じて、社会貢献になることや体を動かすことのできる仕事に就くことで、高齢になっても健康を維持することもできるのです。

このように、仕事に対する考え方を、定年後の暮らし方や自分の幸福度が上がる働き方に変えていくことで、高齢になっても働き続けることができ、仕事が生活の一部になっていくでしょう。

Answer 2

✳ ✳ ✳

体力、気力、能力は誰でもおとろえていくものだと認識する

マネー面で60歳以降もフルタイムで働く必要があるか確認

継続雇用でも、週3日などの働き方が可能か確認する

Point

先頭を走る人からそれをサポートする人に役割変更を

定年後は、専門知識、専門技術など、年齢が上がっても衰えないスキルを活かし、プロジェクトなどの中心となる人を後方から支援する立場になろうー

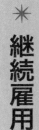

定年後の仕事のリアル

Question 13

定年後、セカンドキャリアやキャリアアップのための学び直しは無駄でしょうか？

一日中立ち仕事の接客業を長年続けていますが、年々立ち仕事が厳しく感じており、定年後も続けられるかどうか悩みを抱えています。最近、ＷＥＢデザインに興味を持ち始めており、学び直しでセカンドキャリアを築こうか考えています。

55.歳
会社員

❖学び直してセカンドキャリアに繋げたいなら戦略的に！ 即行動する

年々平均寿命が延び、老後が長くなる中で、定年後に「学び直し」をする人も増えています。セカンドキャリアのため、キャリアアップのため、教養のため、趣味のため……。理由はさまざまですが、長い老後に働く期間を少しでも延ばすため、自分の価値を高めるためにも、もちろん学び直しをすることは有効です。

社会人の学びの場には、大学・大学院・専門学校などがあります。もし、キャリアチェンジを図るために専門学校や大学院などに行って学ぶのであれば、なるべく早いうちに一歩を踏み出しておきたいところです。

定年前後の学び直しであれば、専門学校や大学院以外にも、ハローワークの公共職業訓練も選択肢のひとつです。

公共職業訓練とは、主に雇用保険を受給している求職者が職業訓練によるスキルアップを通じて早期就職を目指すための制度。機械、電気、造園など、ものづくり系の科目や、情報系、福祉・医療系といった科目もありますので、Ｗｅｂデザインの訓練を受けることもできます。こうした学び直しの場を利用する場合は、「教育訓練給付制度」により受講料の一定割合が国から支給されますので、活用してください。

ただし訓練を受けたからといって、すぐに仕事に直結しない可能性もあります。長く働くには戦略的な行動が大切なので、学び直しをセカンドキャリアに繋げたいなら、早めに情報収集＆人脈づくりなどに動くのが正解です。

Answer 1

40～50代であれば大学や専門学校でガッツリと学ぶのもあり
ハローワークの講座や職業訓練校の活用も視野に

Point

教育訓練給付制度の利用を忘れずに

雇用保険に加入し、条件を満たしているなら、学び直しに教育訓練給付金の利用を考えると、学費の負担が軽減されます。対象講座を選んで受講を！

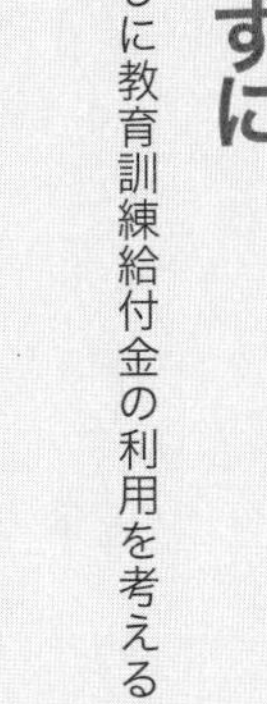

定年後の仕事のリアル

Question 14

年金をもらう65歳の時点でいくら貯蓄があれば、働かなくても生活できますか？

これまで忙しく働いてきたので、65歳以降は働かないで趣味や旅行に時間を使えればと思っていますが、お金が足りるのかも心配です。どれぐらい貯蓄があれば困ることなく年金だけで生活していけるのか、目安を教えてください。

63歳
会社員

❖「入るお金」と「出るお金」が同じなら貯蓄は減らない

「老後に必要な貯蓄額は？」という質問に対してよく用いられるのが、総務省の家計調査を基にした収支データ２０１９年度です。夫65歳以上・妻60歳以上の夫婦の1カ月の生活費の平均が約27万円で、年金を含めた収入が約24万円なので、毎月3万円程度が不足するというものです。ここから必要な貯蓄額が逆算できそうですが、生活費や収入は人それぞれ違います。あくまで参考値として考えておいたほうがいいでしょう。

　老後資金が足りるかどうかの考え方は、実はとてもシンプルです。「入ってくるお金（退職後の収入）」が「出るお金（生活費などの支出）」よりも多ければいいのです。入るお金がいくら多くても、出るお金のほうがそれを上回れば家計は赤字になります。そのため、年金はいくらぐらいもらえるのか、今の貯蓄額がいくらで、退職金はいくらなのか、1カ月の生活費にどれぐらい必要なのかなどを、世間の平均データではなく自分のケースで具体的に計算しましょう。

また、老後費用として欠かせないのが介護・医療費です。生命文化保険センターの調査（2021年度）によれば、介護費用は平均月8・3万円、一時費用74万円、介護期間は平均5年1カ月です。医療費も含めた目安として、1人あたり830万円を、生活費とは別に確保しておくと安心です。

Answer 1

＊＊「入るお金」と「出るお金」が同じになれば心配ない　介護・医療費として別に一人830万円用意する

Point

自分の年金額を「ねんきん定期便」でまず確認しよう

毎年誕生月に年金の加入状況や年金支給見込額が記載された「ねんきん定期便」が届くので、必ずチェックしましょう。「ねんきんネット」「公的年金シュミレーター」でも確認できます。

仕事
定年後の仕事のリアル
Question 15

地方移住をして働いてみたいのですが、注意すべき点はありますか？

62歳
会社員

現在、雇用継続で働いています。先日、里帰りしたら父親の体調が悪く、このままでは、介護が必要になりそうだと言われました。雇用継続は、毎年契約更新があるので、来年は更新をせず、地元へ戻ろうかと思うのですが、働き先があるのか心配です。

❖情報収集をしっかり行い、移住先での生活を具体的に計画すること

地方移住には、Uターン移住とIターン移住の2つがあります。ご相談者さんのように、実家のある土地へ移住する場合は、幼馴染みや親族がいることが多いため移住のイメージがわかりやすいですが、知らない土地へ移住するには、非常にリスクが伴います。まずは、移住先で何を実現させたいのか、目的を明確にしましょう。交通の便や買い物をする場所、病院など生活環境の状況はもちろん、災害などの状況を知るためにも自然環境についても把握しておく必要があります。移住先での仕事は、実家の仕事を継ぐなどの当てがないなら、地域に貢献する、農業に転身する、テレワークで働くなど具体的に考えてから働き先を探すようにします。

仕事探しで活用したいのは、東京と大阪に1カ所ずつ設置されているハローワークの「地方就職支援コーナー」。東京圏、大阪圏に居住する人に地方企業や農林水産業への就職を支援してくれて、全国のハローワークと連携し、各地域の求人や就職セミナーなどの情報を紹介してくれます。また、大都市圏に住む人が地方移住についての情報を集める場所として、東京都・有楽町にある「ふるさと回帰支援センター」があります。このセンターでは、44都道府県1政令指定都市の専門相談員が常駐し、自治体の支援制度から住宅情報、求人情報など、あらゆる角度から移住をサポートしてくれます。事前の情報収集と、移住後の仕事や暮らし方を具体的に計画することが重要です。

Answer 1

移住先が故郷なのか初めて住む土地かで心構えは変わる
実家の仕事を継ぐなどの当てがないなら、仕事を事前に探しておく

Point

ふるさと回帰センターで「移住体験ツアー」に参加してみる

移住体験ツアーに参加し、先に移住した人に直接話を聞くのも大切です。苦労した点や移住前には想定していなかったトラブルなどの話を聞いておくといいでしょう。

定年後の仕事のリアル
Question 16

一度も転職をしたことがなく、ハローワークに行ったことがないので不安です

59歳
会社員

大学を卒業後、新卒で入社した会社を定年まで勤めあげたため、一度も転職したことがありません。定年後も働き続けたいのですが、どのように転職活動を進めればいいでしょうか。ハローワークではどのようなサポートを受けられるのでしょうか。

❖ハローワークを通して技能講習会に参加

シニア世代の転職では、シニア向けハローワークを利用することが効率の良い方法です。近年は民間の転職支援サービスや求人サイトが人気ですが、こちらは若手市場向けのサービスのため、シニアは門前払いされることも。無駄な労力を省いて転職活動を進めるためにも、まずはシニア向けハローワークへ足を運んでみましょう。

シニア向けの就労サポートはたくさんあり、ハローワークの窓口では様々な技能講習会の情報を得られます。例えば、東京しごとセンターでは「コンビニエンスストアスタッフの就職支援講習」が実施されています。面接選考を経て講習に参加すると、接客方法からレジの操作、商品知識などを8日間の研修で習得。受講後はシニア求人のあ

る店舗へ応募でき、東京しごとセンターの支援も受けられます。東京都だけでなく全国各地で技能講習が開かれており、警備業務からマンション管理、ホテルスタッフなど内容はさまざま。短期の講習だけでなく、職業能力開発校へ通って資格を取得するという方法もあります。まずはハローワークの窓口で、自分に合った就職方法を探しましょう。ただし、正社員の採用にこだわっているといつまでも転職が決まらない可能性があるので注意が必要です。

また、友人の紹介という転職ルートもあります。今までのキャリアの中で培《つちか》った人脈はシニアならではの武器ですので、周囲の知り合いに声をかけ、同時に複数のルートから仕事探しを進めましょう。

Answer 1

＊シニア向けハローワークを利用
＊まずは窓口で話を聞いてみる
＊友人の紹介など複数のルートで仕事探しを

Point

応募書類の書き方セミナーの受講を

書類審査が最初の関門。些細《ささい》なミスによって落とされる可能性があります。自身の能力や経験を的確に伝えつつ、企業側の心を動かすような文章作成がポイントです。

結婚後、働いたことのない専業主婦です。夫の定年を機に外に出て働きたいのですが

58歳
専業主婦

結婚して、専業主婦になりました。それ以降一度も働いたことがありません。夫はもうすぐ定年退職をするので、この機会に働いて自分のお小遣いを稼ぎたいのですが、どうやって仕事を探したらいいでしょうか?

❖ 無料の職業訓練でスキルアップを図る

外で働いた経験がないからと、働き先は、なかなか見つからないと決めつけることはありません。まずは、どんな仕事があるのか、その中で自分が挑戦できそうな職種がないのかを考えます。たとえば、家事代行サービスや介護サポートなどは、専業主婦のスキルを活かせる仕事の一つです。また、シニアの求人は、事務職などの募集は少なくなり、インターネットなどでの求人募集も若い人と比べて不利になります。そのため、住んでいる地域で人材の募集や、知人の紹介などで仕事を探すという方法も有効的です。

その他の方法として「職業訓練制度」があります。この制度は、厚生労働省が管轄しているもので、「ハロートレ

ーニング」とも呼ばれています。「公共職業訓練」と「求職者支援訓練」の2種類あり、求職者支援訓練では、雇用保険受給の資格がない人も対象。訓練コースは、パソコンスキルなど多くの職種に共通する基礎能力を取得できる「基礎コース」と、より専門的なスキルが身に付く「実践コース」があります。受講料無料(※)で、受けることができ、受講内容は都道府県によって異なりますが、ＯＡ事務、経理事務、介護分野からＴＩ系の講座など、さまざまなジャンルがあります。申し込みは、住所地を管轄するハローワークで行い、職業相談を受けた後、面接や試験を受け、合格できれば受講が開始されます。訓練完了後は、ハローワークで就職のサポートを受けることができます。

※テキスト代は自己負担

Answer 1

事務職で働くことをイメージしない。現場仕事の募集が多いハローワークで相談してみる

Point

ハロートレーニングを受講してみる

ハロートレーニングを受講するには、ハローワークで求職相談が必ず必要になるので、どんなスキルがシニアの就職に有利か相談するといいでしょう。

定年後の仕事のリアル
Question 18

定年前に準備が必要と聞きましたが、何をすればいいのでしょうか？

59歳
会社員

来年、定年退職になります。定年後もいまの会社で継続雇用になるのは、決まっていますが、何か手続きすることや準備しておくことはありますか？　フリーランスで働くことも選択肢の一つとして考えているのですが、いまから心得ておくことはありますか？

❖ 自分の強みを伸ばして定年後の仕事の選択肢を広げる

定年退職後も同じ勤務先で継続雇用される場合、健康保険や厚生年金はそのまま継続となるため、特に手続きすべきことはありません。退職金制度がある会社に勤務している場合は、「退職所得の受給に関する申告書」を会社に提出する必要があります。その他どんな手続きが必要になるのか早めに人事へ問い合わせておきましょう。別の会社に転職する場合は、転職先の会社で雇用保険や厚生年金、健康保険の切り替え手続きをしてくれますが、転職先が決まっていない、フリーランスで働くなどの場合は、自分で手続きが必要です。社会保険は、国民健康保険、国民年金への切り替えになるため、住所地の市区町村窓口で手続きします。失業給付を受けることもできるので、雇用保険被保険者証、離職票などを勤務先から受け取っておく必要があります。手続きはハローワークです。

定年後に新しい仕事にチャレンジしたいという人は、「サラリーマン気質」から脱却しておくことが大切です。長い間サラリーマン人生を歩んでいると、会社の意向が最優先ということが多く、自主的に動くことができなくなりがち。定年後は、そういったしがらみがなくなりますから、自分らしい働き方を試すいいチャンスでもあります。そのためにも、早いうちから、自分ができることをよりブラッシュアップしておきましょう。得意分野をつくることで、自分のウリをアピールすることができ、転職にも有利になります。

Answer 1

雇用継続か退職かで手続きが異なるので人事に早めに問い合わせを
次の仕事探しの心得はいつ仕事を替えるかでも変わる

Point

会社以外での人脈を大事にする

仕事以外の付き合いを増やし、いろいろな人と話すことで、世の中のニーズに敏感になります。人から自分の長所を指摘される場合もあるので、人との交流は大切にしましょう。

コラム 定年退職後も失業給付がもらえる!?

定年退職し、心機一転でほかの会社などで就職するため、求職活動する場合、雇用保険から「失業給付（基本手当)」を受け取ることができます。

基本手当は、失業した人が再就職するまでの生活を手助けするための制度で、離職前2年間に雇用保険の被保険者期間が通算12カ月以上あることが受給条件となります。

基本手当は、基本手当日額の所定給付日数分を限度とし、再就職が決まるまで受け取ることが可能です。所定給付日数は、離職理由や離職時の年齢などで異なりますが、定年退職の場合は最長150日です。

基本手当日額は、離職直前6カ月に支払われた賃金(賞与は除く)の合計を180日で割った金額に、45～80%の給付率を掛けて算出されます。ただし、年齢ごとに上限額があり、60歳以上65歳未満の場合には7177円となります。なお、上限額は毎年8月に改定されます。

基本手当を受ける際には、ハローワークで求職の申込みや必要書類の提出が必要となります。これらの手続きをした日が「受給資格決定日」となり、そこから7日間の待期期間を経て受給がスタートします。その後も4週間に1度はハローワークに通って失業認定を受ける必要があります。

65歳以上になると基本手当の対象からは外れますが、その代わりに「高年齢求職者給付金」という一時金の支給を受けることができます。

高年齢求職者給付金の場合、離職前１年間に雇用保険の被保険者期間が通算6カ月以上あることが受給条件となります。被保険者期間によって決められた日数分の基本手当日額を受け取ることができ、6カ月以上1年未満なら30日分、1年以上なら50日分を、一括で受け取ることができます。

高年齢求職者給付金は一時金として一括で振り込まれるため、基本手当のように定期的にハローワークに通まって失業認定を受ける必要がありません。支給の回数制限もないため、65歳以降に失業と再就職を繰り返した場合には、その度に受け取ることが可能です。

■高年齢求職者給付金と基本手当の違い

高年齢求職者給付金		基本手当
6カ月以上の雇用保険の加入	受給要件	12カ月以上の雇用保険の加入
一時金として一括支給	支払方法	28日分を分割支給
30日もしくは50日	受給日数	90～330日
可	年金との併給	不可

第3章

定年後のお金のリアル

定年後も働くことの要因のひとつに、
人生100年時代と呼ばれる長寿化がある。
長生きすれば、それだけ暮らしていくお金が多くかかる。
公的年金だけには頼れない
定年後のマネープランをどのように培っているのか。
貯蓄額や生活費などから見ていく。

お金
定年後ののリアル
3-1

60歳代が保有している金融資産額の平均は2317万円

定年を迎えた60歳代は、どのくらいの貯蓄を保有しているのでしょう。貯蓄額は歳を重ねるごとに家族構成や家計管理による差が大きくなりますから、単純に金額を比較すると誤解を招きかねません。そこで、長年にわたって家計や金融行動について調査を行っている総務省統計局の「家計調査」、金融広報中央委員会の「家計の金融行動に関する世論調査」を基に、60歳代、70歳代の貯蓄額を見ていきましょう。

❖「平均」よりも「中央値」のほうがリアルを表している

家計の資産状況を詳細に捕捉している「家計の金融行動に関する世論調査」の2022年の調査（左図）によると、金融資産保有額の平均は60歳代が2317万円、70歳代が2360万円です。これを多いと思うか否かは人それぞれですが、実はこの調査をもう少し詳しく見ていくと厳しい現実が見えてきます。

まず、この金額は「平均」だということです。平均とは、すべてのデータの値を足してデータの個数で割ったものです。ということは、貯蓄額が極端に多かったり少なかったりする人がいると、平均を押し上げたり押し下げた

貯蓄額の平均と中央値には大きな差がある

●金融資産保有額（金融資産保有世帯）

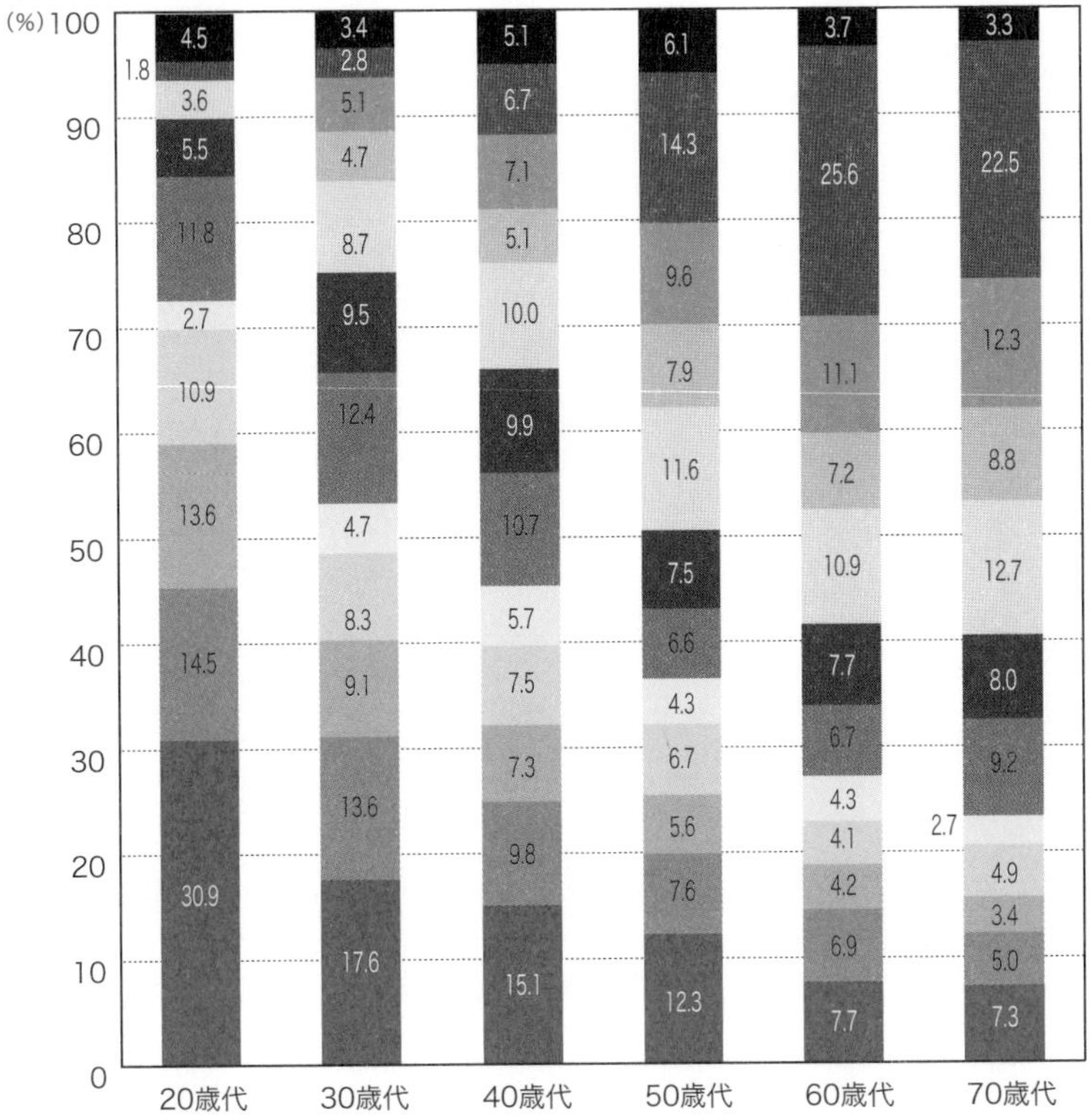

平 均	339万円	697万円	1,132万円	1,684万円	2,317万円	2,360万円
中央値	200万円	390万円	500万円	810万円	1,270万円	1,200万円

100万円
100～200万円未満
200～300万円未満
300～400万円未満
400～500万円
500～700万円
700～1,000万円
1,000～1,500万円
1,500～2,000万円未満
2,000～3,000万円以上
3,000万円以上
無回答

出典：金融広報中央委員会「家計の金融行動に関する世論調査[二人以上世帯調査]」（令和4年）

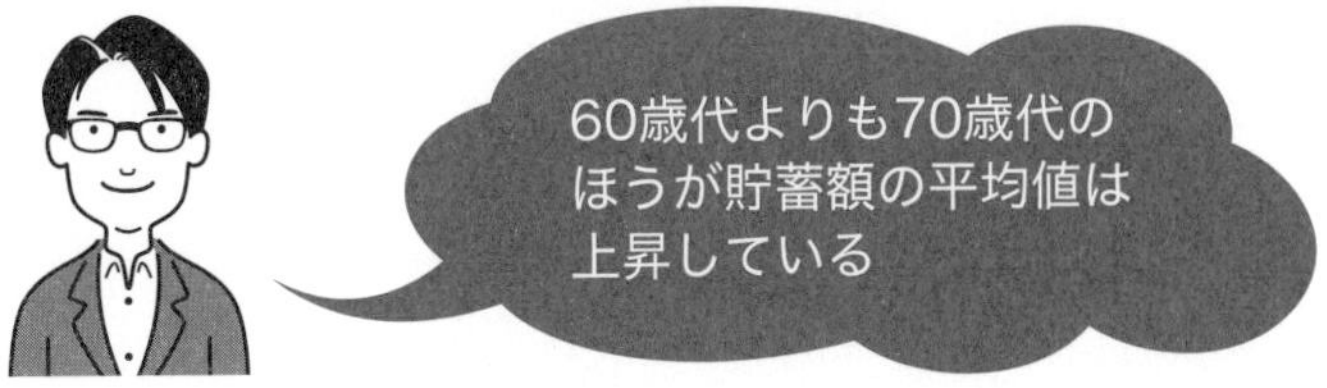

りする可能性があります。これが、平均は実感値と乖《かい》離《り》があると感じることが多い理由です。そこで、より実態を表しやすいデータとして公表されるのが中央値です。これはデータを小さい順に並べたとき中央に位置する値で、この調査の中央値は60歳代が１２７０万円、70歳代が１２００万円。だいぶ、実感に近づいてきたのではないでしょうか。

さらに、このデータは金融資産保有世帯のものだということです。調査において金融資産は非保有と回答した人が、なんと60歳代は２０・８％、70歳代は１８・７％もいるのです。この金融資産を保有していない世帯も含めると、さらに数値は大きく変わってきます。60歳代は平均１８１９万円、中央値７００万円。70歳代は平均１９０５万円、中央値８００万円という結果になります。ここまで詳しく見ていくと、このデータが示す現実が正しく見えてきます。

定年を機に負債は大きく減少

●世帯主の年齢階級別貯蓄・負債現在高、負債保有世帯の割合

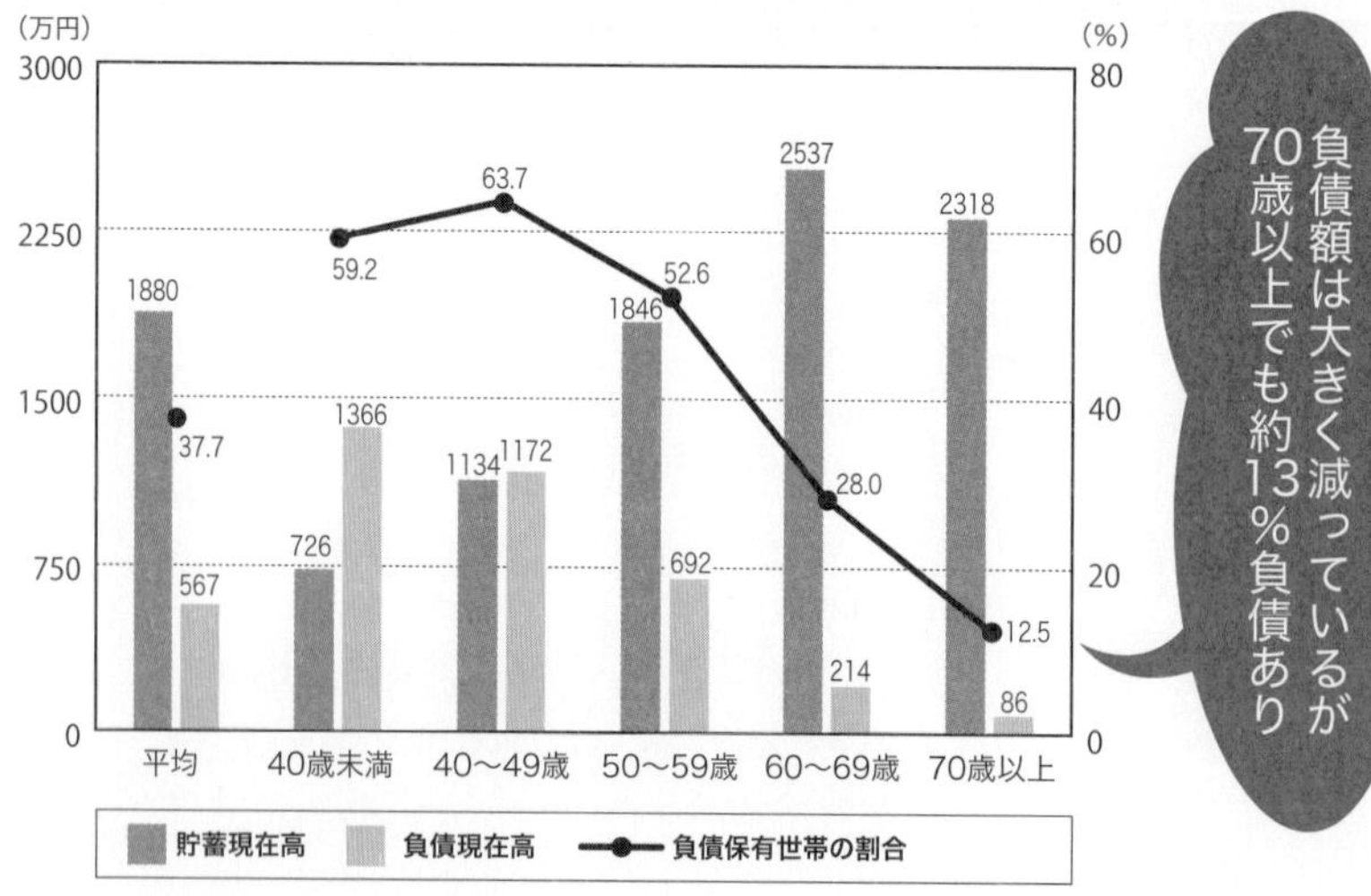

出典：総務省統計局「家計調査報告（貯蓄・負債編）」2021 年（二人以上の世帯）

❖ 貯蓄から負債を引いた純貯蓄を見ることが重要

貯蓄額を見てきましたが、実は正しく把握しておくべき金額は純貯蓄額。純貯蓄額とは貯蓄から負債を引いた本当の意味の貯蓄で、この金額が家計の将来を見通すために重要なお金です。負債の大半は住宅・土地に関するものが多いため、右図の２０２１年「家計調査報告」によると、住宅購入世代の40歳未満は貯蓄よりも負債のほうが多い負債超過で、40歳代でほぼ均衡が取れた状態、50歳代以降は貯蓄のほうが多い純貯蓄額がプラスの家計となります。特に定年以降は60歳代の純貯蓄額が２３２３万円、70歳以上は２２３２万円と、調査結果からは十分な余裕があるように見えます。

ただ、気になるのは60歳代でも負債を保有している世帯が28％、70歳以上で12・5％もあるということです。負債金額が少なく見えるのは、前述したように平均を算出する統計データのマジック。負債を保有していない世帯も含めた平均金額なので定年後に支障があるような多額には見えませんが、負債を保有している世帯のみのデータを見ると、60歳以上の貯蓄額は１７８１万円で負債額は７３２万円。なんと純貯蓄額は１０４９万円という結果になっています。この金額を多いと見るか少ないと思うかは人それぞれですが、定年時に負債がある世帯は貯蓄も少ないといえそうです。

定年までに、できるだけ負債を減らして貯蓄を増やす。当たり前のことですが、これが老後のお金の安心への第一歩。

世代を問わず中心は元本保証の金融商品
預貯金＋保険が金融資産の約6割

国が「貯蓄から投資へ」というスローガンを掲げたものの、いまだ日本人の資産は大半が預貯金という現実があります。欧米と比較してもその傾向は顕著で、日本銀行調査統計局が２０２２年8月に公表した「資金循環の日米欧比較」で金融機関の金融資産から算出した「家計の金融資産構成」を見ると、日本は現金・預金が54・３％なのに対し、米国は13・７％、ユーロ圏は34・５％。株式・投資信託は日本14・７％、米国52・４％、ユーロ圏29・９％で、日本と米国では現金・預金と株式・投資信託の比率が逆という状況です。

❖預貯金のうち約58％は定期性預貯金で保有

日本の世帯は、具体的にどんな金融商品を保有しているのでしょう。

左図の金融広報中央委員会「家計の金融行動に関する世論調査」によると、60歳代は２３１７万円の金融資産を保有し、１０６２万円が預貯金で、そのうち６１２万円は定期性預貯金です。70歳代もほぼ同様で、２３６０万円の金融資産のうち定期性預貯金５８２万円を含む１００９万円が預貯金で、それぞれ保有する金融資産の45・８％、

金融資産保有額は定年時前後がピーク

●種類別金融商品保有額(金融資産保有世帯)

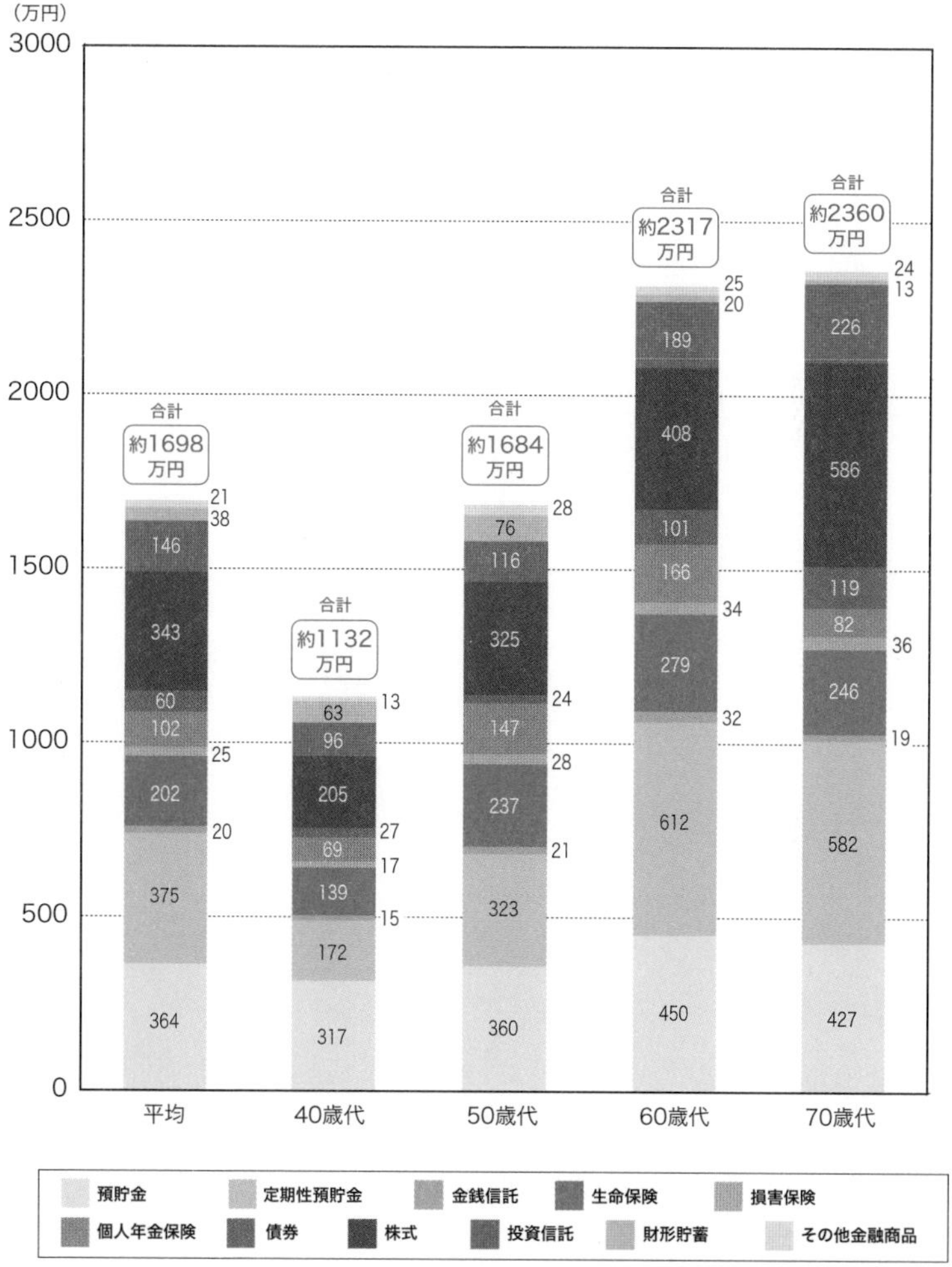

出典:金融広報中央委員会「家計の金融行動に関する世論調査[二人以上世帯調査]」令和4年

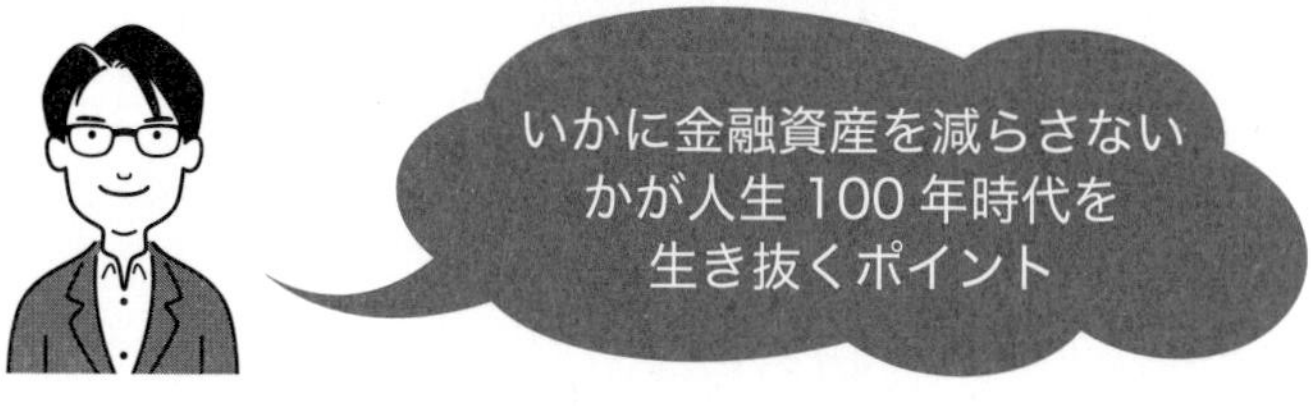

42・８%に当たります。これに、元本保証と考えていい金銭信託や債券、財形貯蓄を加えると、金融資産の約半分となります。さらに、円建ての貯蓄性保険もほぼ元本保証の金融商品ですから、生命保険や個人年金保険も加えると、60歳代は73・1%、70歳代は64・６%が元本保証商品という、極めて堅実な資産内容が見えてきます。

❖70歳代の株式保有率は突出

金融商品保有額の内訳を見ると、60歳代と70歳代の違いに気づく資産があります。それは株式です。60歳代は４０８万円で金融資産に占める割合は17・６%であるのに対して、70歳代は５８６万円で24・８%。定期性預貯金とほぼ同額です。30歳代から60歳代は投資商品（株式と投資信託）の保有率が26%前後であるのに対して、70歳代は34・４%。70歳代の株式保有率が、

見事に逆相関を示す元本割れ経験の有無

●元本割れの経験

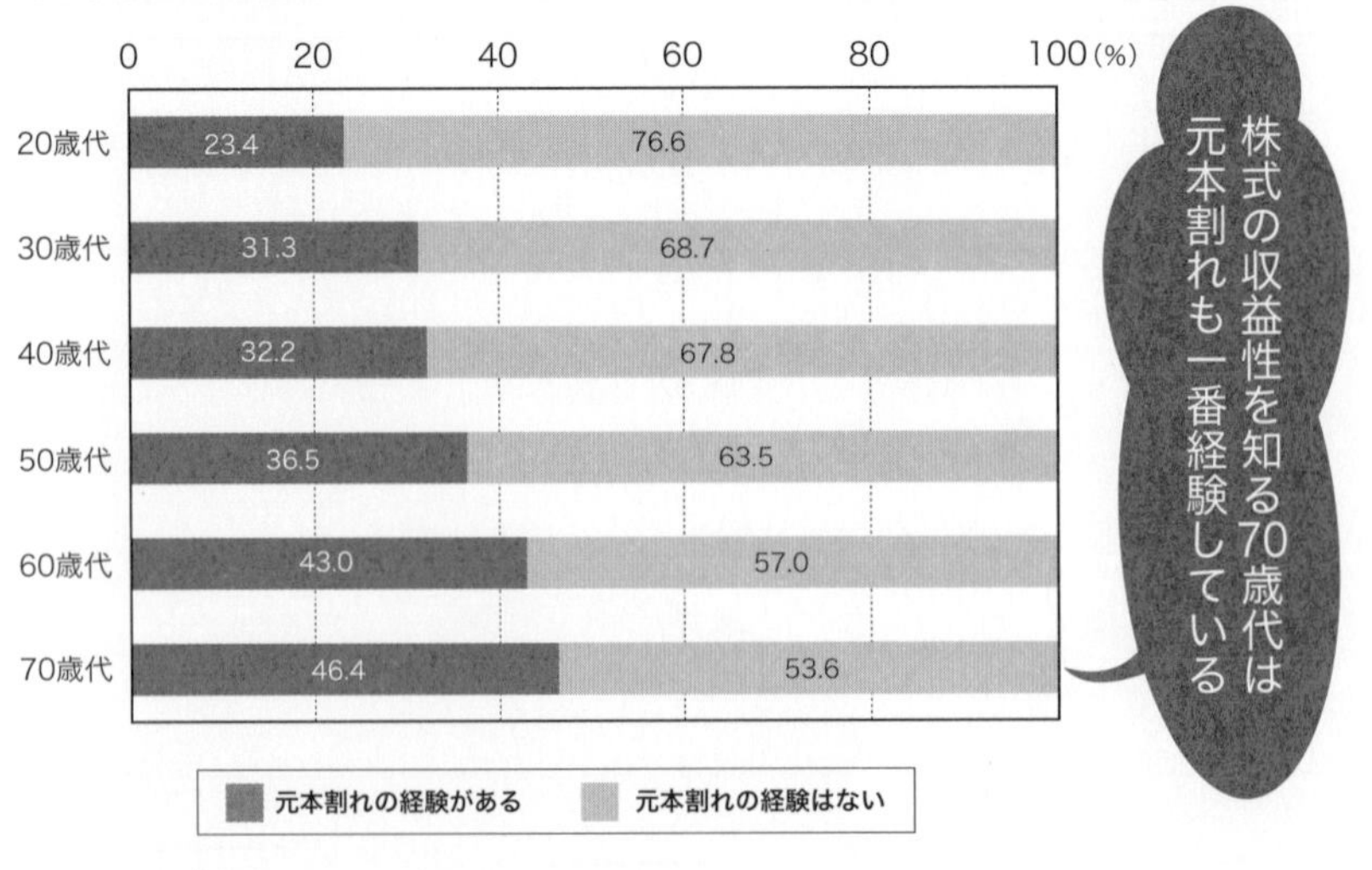

出典：金融広報中央委員会「家計の金融行動に関する世論調査[二人以上世帯調査]（令和4年）

ほかの世代と比較したとき突出した数値だと感じるのではないでしょうか。

❖ 70歳代以上の世代は日本株の大株主

各種の調査や統計を基に年代別の日本株保有額を推計したものによると、最大の個人株主世代は70歳代とされています。日本証券業協会が公表した2021年末時点データでも、年齢が把握可能な個人株主のうち約51％は60歳代以上です。というのも、バブルに沸いた1980年代後半、当時の株式ブームは働き盛り世代の40～50歳代が担っていたため、そのまま株主も高齢化したとみられています。

それを裏付ける結果ともいえるデータが右図です。元本割れの経験が世代が上がるごとに増えるのは機会の増加の結果でもあるため当然ですが、60歳代は43％、70歳代に至っては、なんと半数近くが元本割れを経験しているのです。とはいえ相場環境が良かった2022年は金融資産が増えた理由に、60歳代は26・5％、70歳代は32・5％が株式などの評価額が増加したからと答えるように資産を増やす要因にもなります。ただし、現金化したいときに相場がいいとは限りませんから、定年後世代は預貯金との比率と相場環境を見ながら、少しずつ投資商品を売却する判断も必要でしょう。

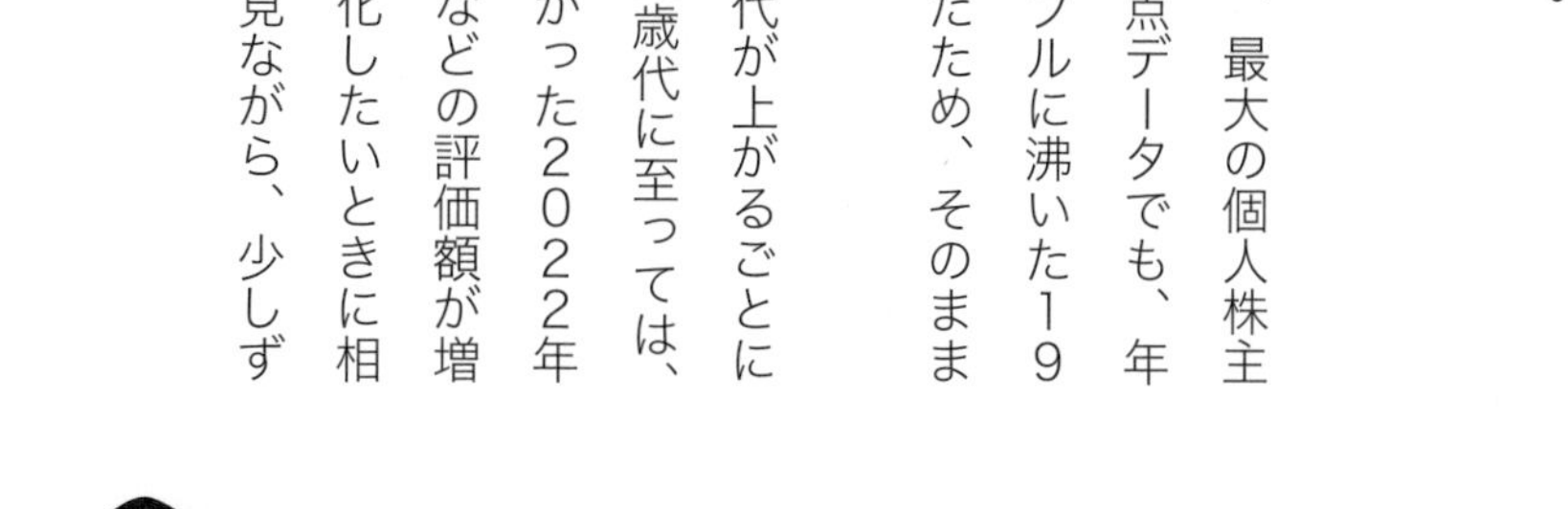
定年後は保有する金融商品を、預貯金など安全性と流動性があるものへシフトすると、いざというとき困りません。

お金
定年後のお金のリアル
3-3

定年後の平均年収は３００万円未満
２００万円以下という人が多数派

定年後は継続雇用で仕事を続けたとしても、現役時代のような収入を得ることは難しいのが現実です。ましてや転職や起業をした場合は、かなりの収入減になりそうだと多くの人が覚悟しているのではないでしょうか。

とはいえ、長い老後生活を穏やかに暮らすためには、定年後の収入も将来を支える重要な経済的基盤です。そこで、現在の定年後の就業者は実際にどのくらいの収入を得ているのかを見ていきましょう。

❖ 定年前と後では収入に大きな違いがあることを覚悟する

国税庁の「民間給与実態統計調査」によると、２０２１年の全給与所得者の平均年収は４４３万円（男性５４５万円、女性３０２万円）。ただし、この調査は1年を通じて働いたすべての給与所得者が対象で、正社員だけでなくパートやアルバイトで働く人も含まれています。現在の年齢区分で比較可能な最も古い２００７年と、最新の２０２１年をグラフ化したのが左上図です。どの世代も約15年の経過を感じさせる給与の上昇は見られませんが、50歳代後半と60歳代前半、60歳代後半には大きな差があることだけは明確です。

人生には年収が大きく下がるタイミングがある

●給与所得者（年間勤続者）の平均給与

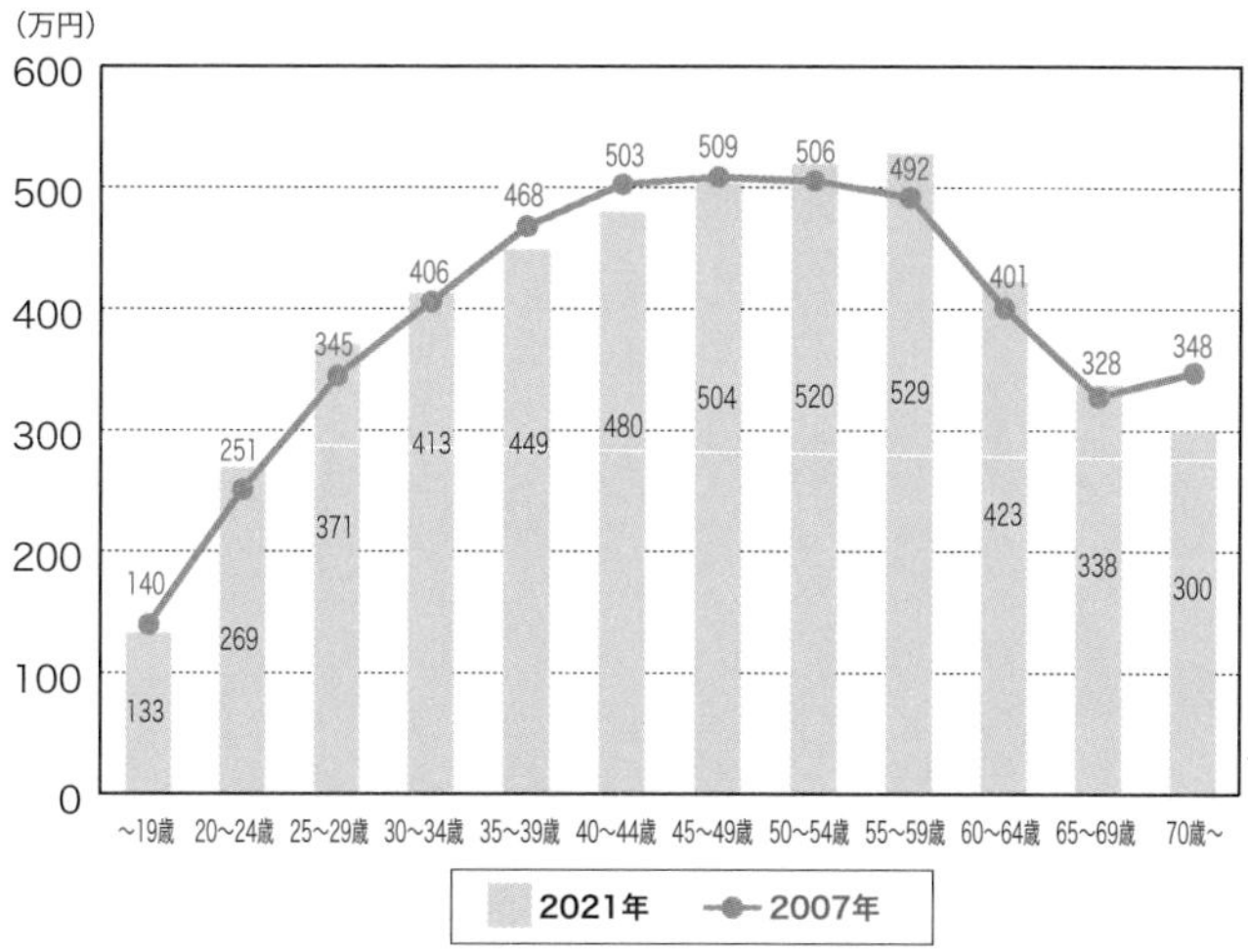

毎月の収支を黒字にできれば
お金の不安は小さくなります

出典：国税庁「民間給与実態統計調査」

● 高齢者世帯の所得

	高齢者世帯	その他の世帯	全世帯
平均所得金額（平均世帯人員）	312.6万円（1.56）	664.5万円（2.90）	552.3万円（2.48）
平均等価可処分所得金額	218.5万円	313.4万円	290.0万円

出典：内閣府「高齢社会白書」令和4（2022）年版

マネープランを考えるうえでは
収入の変化を早めに想定しておく
ことが重要です

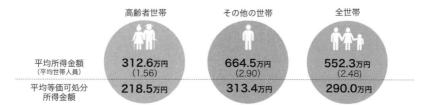

定年後は夫婦2人暮らしだから収入が減っても大丈夫だろう、と楽観的に考える人もいるでしょう。そこで、世帯という視点から65歳以上の高齢者世帯の所得を見てみます（P133下図）。高齢者世帯と母子世帯を除いたその他の世帯と比べると、世帯の平均所得金額は約5割、世帯人員数の違いを調整した平均等価可処分所得金額で見ても約7割。定年後の収入は、歳を重ねるごとに減少するという現実を受け入れる必要があります。

❖就業者全体で見ると定年後の年収はさらに低い

現役世代の収入は給与所得者のデータでおおむね全体像を把握することができますが、定年後の就業者は会社員として給与を得ている人ばかりではないため、自営業者を含む就業者全体を下図で見ていきましょう。

働く人としての需要と収入には相関関係がある

● 年収の分布

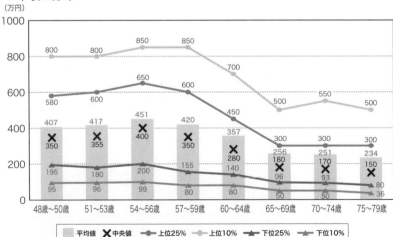

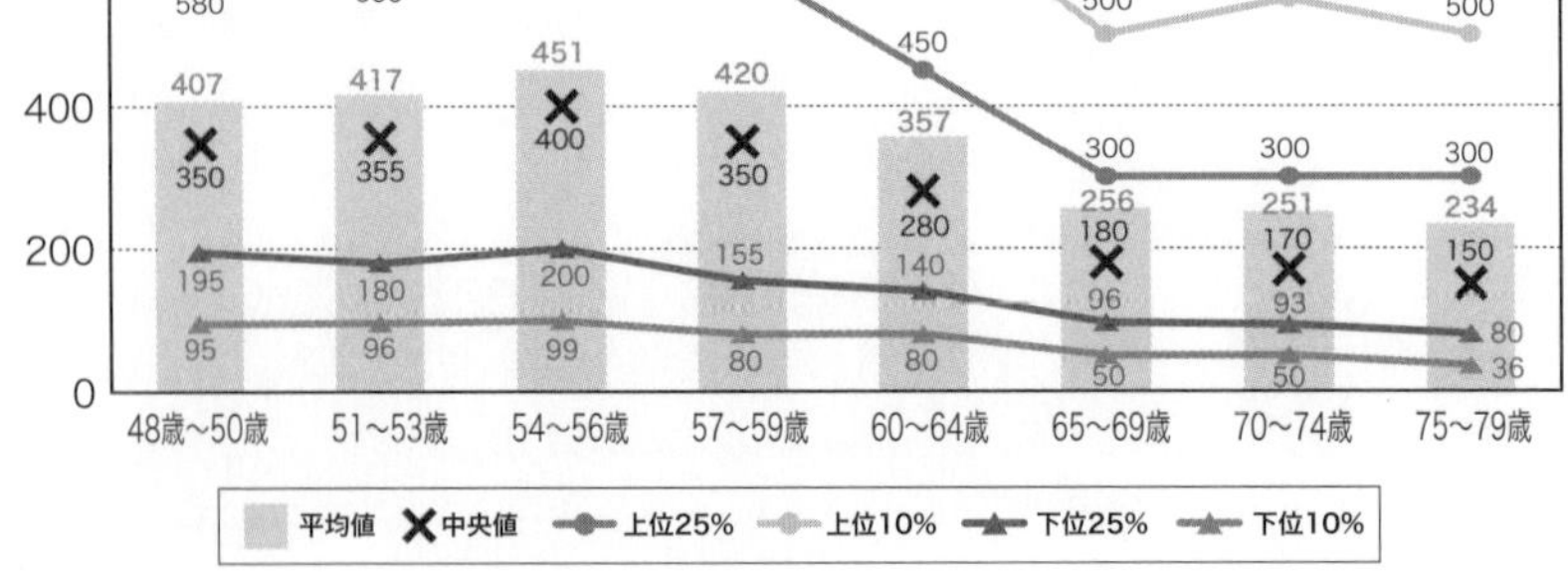

（注）2019年の値
出典：リクルートワークス研究所「全国就業実態パネル調査」

ここから見えてくるのは、継続雇用で勤務する人が多いと思われる60歳代前半は定年前の85%の収入を確保できていますが、60歳代後半になると平均値で6割、中央値で見ると5割の収入にとどまっています。60歳代後半以降は大きな変化はありませんが、年齢層が上がるにつれて徐々に所得が低下していくというのが現実のようです。

❖スキル、気力、体力があれば変わらぬ収入が得られる?!

60歳代後半以降の収入が少しずつ減少していく右図を見る中で、気が付くことがないでしょうか。平均値などが少しずつ減っていくにもかかわらず、上位10%、上位25%の人の収入は歳を重ねてもほとんど変わらないのです。

もちろん、70歳を超えて500万円の年収を稼ぐのは簡単ではありません。しかし社会で必要とされるスキルを持ち、気力や体力に不安を感じずに働くことができるなら、何歳になっても稼ぐことができることをこのデータが裏付けているのではないでしょうか。また年齢に応じて働き方を変えて、心身ともに負担が少ない仕事で長く働くのもひとつの方法です。収入にこだわらず社会貢献活動をするという選択肢もあります。人生100年時代と言われるいま、長い老後のお金の不安を減らすためだけでなく、働く＝社会と関わりを持つことは健康寿命を延ばすためにも必要なことかもしれません。

定年後は歳を重ねるごとに収入が下がることは避けられませんが、仕事内容や働き方を自分で選ぶことはできます。

家計支出は高齢になるほど減少 70歳代後半からは約26万円に

定年後の生活に不安を感じる理由の一つが、お金に困ることなく生活していけるだろうかということです。定年時はこれまでの支出のイメージがあるため、少なくなる収入や給付額が減る可能性もある年金のことを考え、具体的な収支を把握しないまま漠然と不安を感じる人が多いのです。それを裏付けるのが、左下図のデータ。定年後の65～74歳よりも、老後生活に入っている75歳以上のほうが「家計に心配はない、それほど心配ない」と答えた人が多く、全体の7割以上になっています。多くの世帯にとっては、思うほど大変ではないのかもしれません。支出を具体的に見ることで、定年後の家計は本当に心配なのかを確認していきましょう。

❖ 教育費と住宅ローンがなくなれば家計は圧縮できる

現役世代から定年を経て、高齢者となっていく中で、家計支出はどのように変化していくのでしょう。左上図の総務省の「家計調査」を基に、世代を追って支出の変遷をたどってみます。

家計支出額は34歳以下の月39・6万円から世代が進むごとに増加し、ピークは50歳代前半の57・9万円です。

教育費、住宅費負担から解放されれば支出は減る

● 家計支出の内訳(月額)

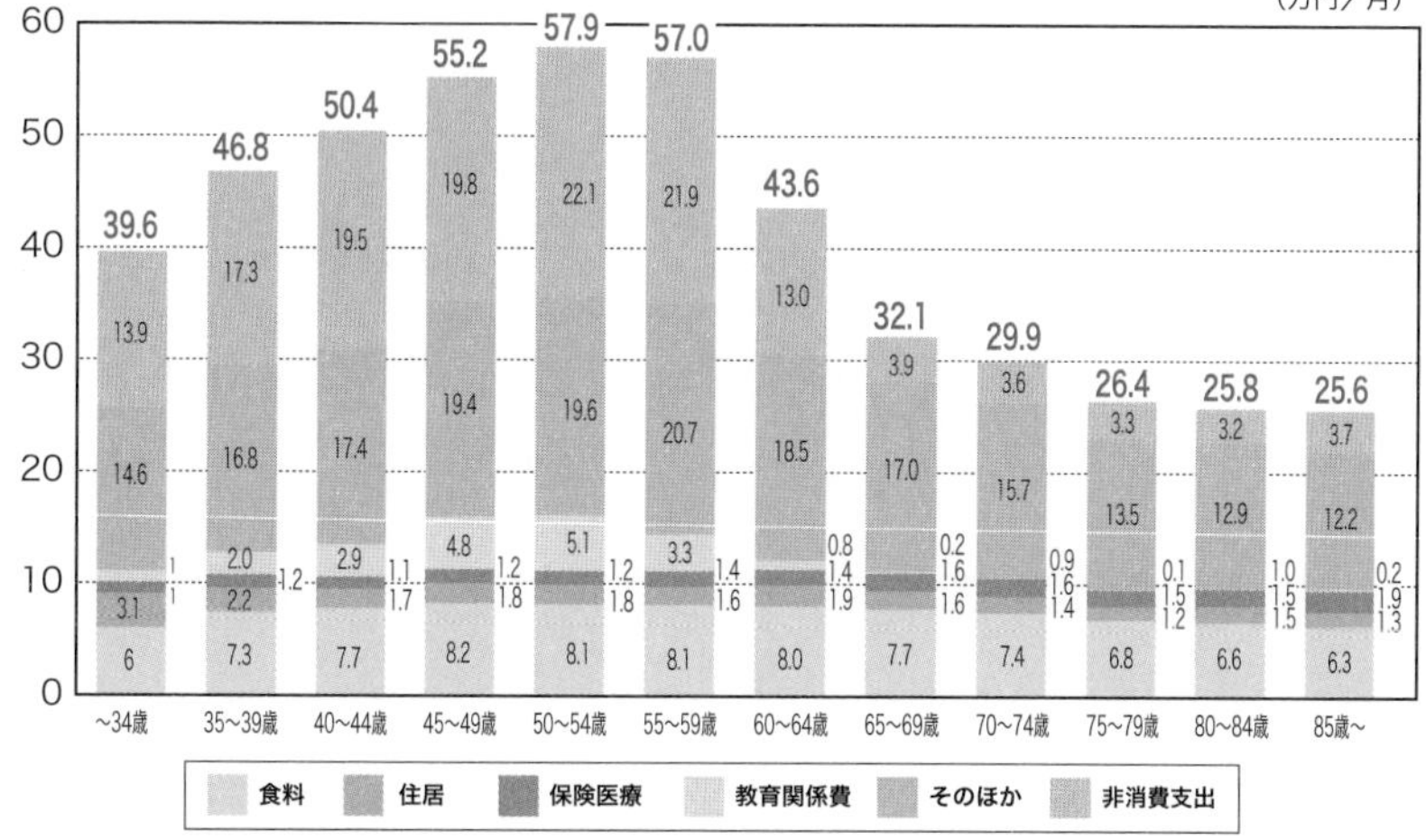

（注）２人以上世帯（60代後半以降は無職世帯の前提）。2019年の値
出典：総務省「家計調査」

●65歳以上の人の経済的な暮らし向き

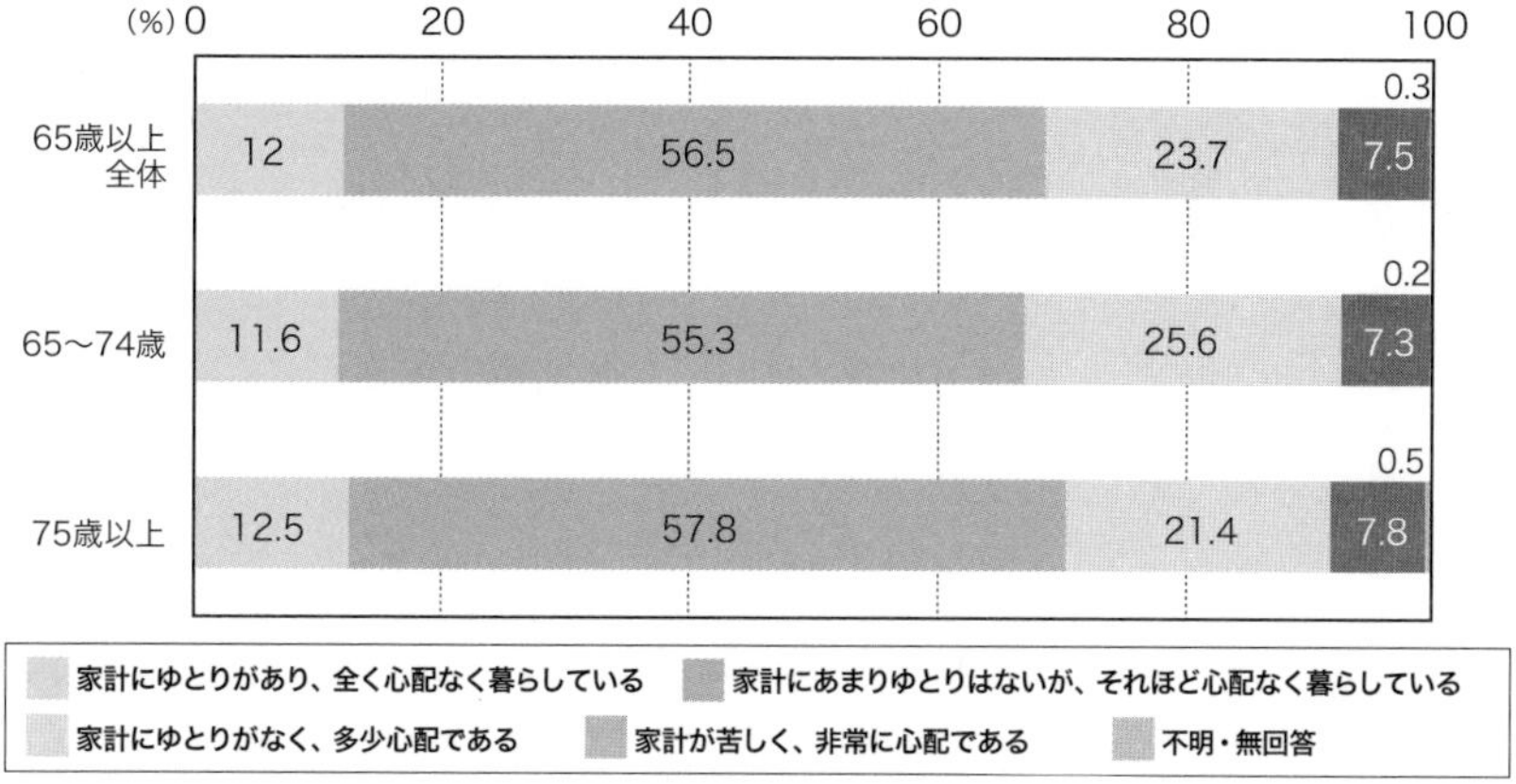

出典：内閣府「高齢社会白書」令和4(2022)年版

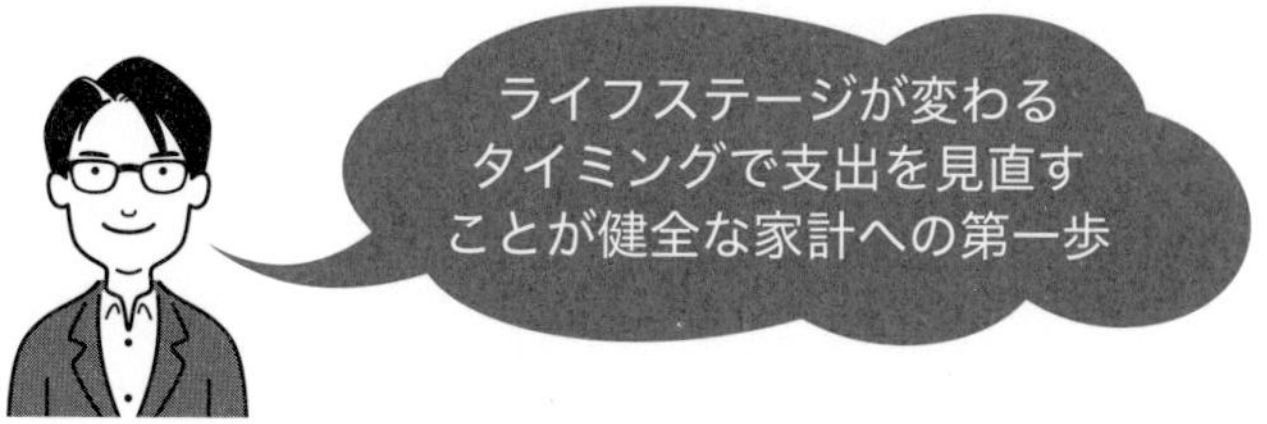

世帯人員が増えることで食費などの基本的な生活費はもちろん、教育費、住宅費などお金がかかるライフイベントが続出するため、50歳代後半までは高い水準を維持します。最も減少幅が大きいのは、定年を迎える60歳代前半。60歳代後半も、それに次いで大きく減少しています。70歳代前半と70歳代後半でも少し差が見られますが、75歳以降はほぼ同じ水準で推移していくことが見て取れます。

定年を迎える60歳代前半で大きく支出が減る理由は、教育費支出からの解放と住宅ローンの完済です。この二つは金額も大きいだけに家計への影響は大きく、逆にいうと定年までに子どもが自立し、住宅ローンを完済していれば自動的に支出はダウンサイジングされるため、家計への不安は小さくなるといえます。

ほかにも、個人年金や保険料など定年時を満期に設定している支払い、不要になる仕事関係の経費など、

家計は支出だけではなく収入とのバランスで見る

●家計の収入と支出の差

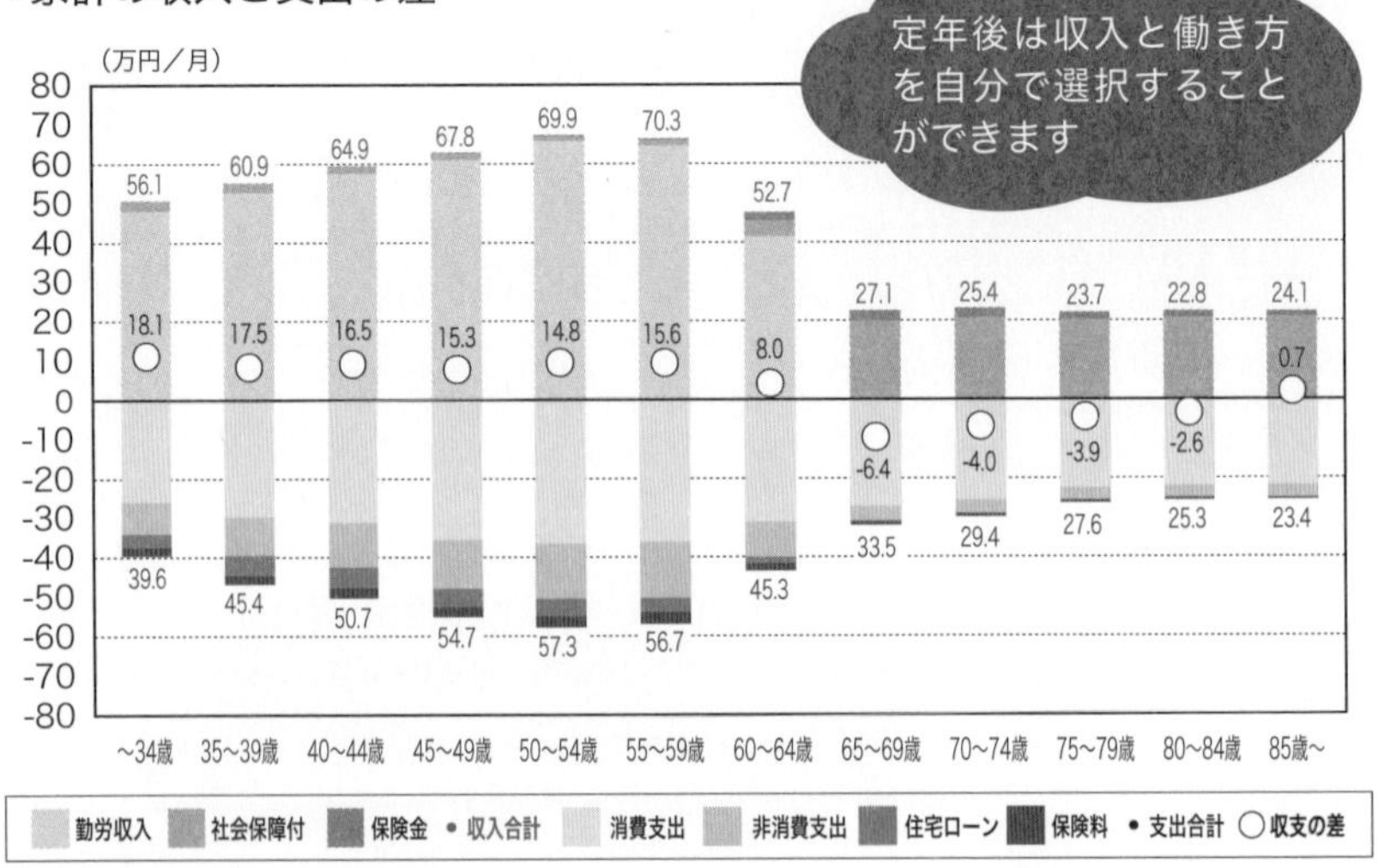

出典：総務省「家計調査年報（家計収支編）2019年」

節約を考えなくても削減できる支出があるはずです。もちろん、定年を機に家計のリスタートは必要ですが、過度に心配する必要はないといえそうです。

❖定年後の家計も毎月の収支は黒字を目指そう

定年後は確実に支出が少なくなるため必要以上に心配することはないと説明しましたが、マネープランを考えるうえでは収入とのバランスが重要です。それを見るため、家計の収入と支出を合わせたのが右図です。

最も収支に開きがあるのは多くの人が仕事から引退した60歳代後半で、その差額は月６・４万円。これを貯蓄から取り崩すと5年間で３８４万円。長い人生を考えたとき、この段階でこれだけの貯蓄を使うことには不安を感じる人も多いでしょう。最も有効な対策は、この金額を少し上回る程度の収入を得ることです。例えば世帯で月10万円の収入があれば、不足分を補ったうえで貯蓄を増やすことができます。さらに、夫婦それぞれが月15万円程度を稼ぐことができれば、年金の繰り下げ受給を検討することも可能でしょう。

高齢期の家計のリスクは、予想よりも長生きすることと医療や介護の費用が想定以上に膨らむことです。それに備えるためには、健康なうちは少しでも収入を得ることで家計の収支バランスを黒字にしておくことが大事だといえそうです。

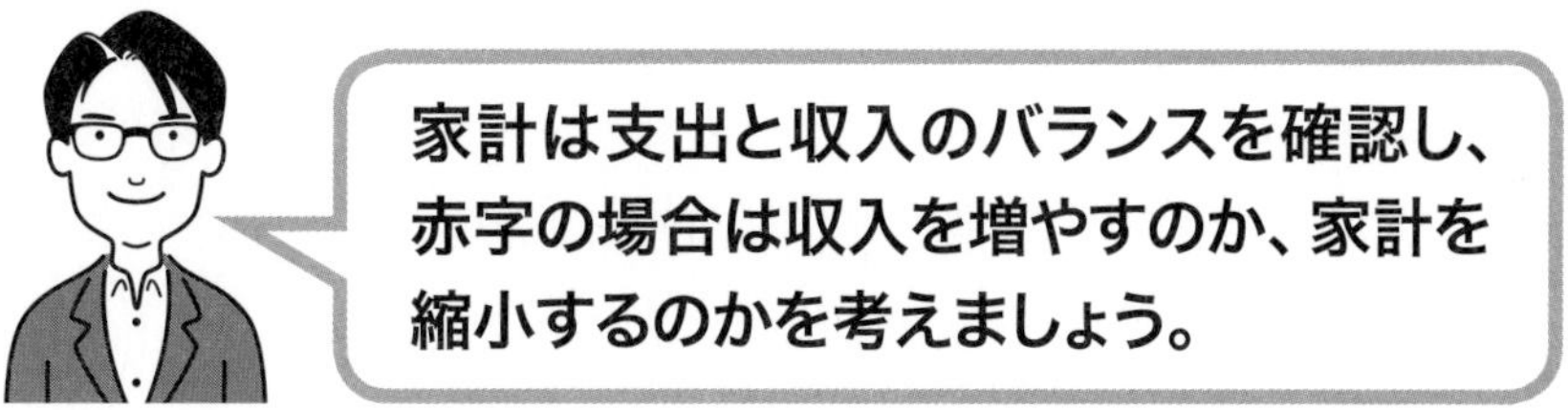
家計は支出と収入のバランスを確認し、赤字の場合は収入を増やすのか、家計を縮小するのかを考えましょう。

住宅ローンを残したまま定年を迎えた人の60歳代の残債金額は平均766万円

少子高齢化が日本の大問題として話題ですが、マネープラン的には、それだけでなく晩婚晩産も大きな問題です。なぜなら、住宅ローンの返済や教育費が増える時期、親に介護が必要になるタイミングなどが重なる可能性が高まるから。そんな中で、定年を迎える世代の大きな悩みのひとつとなっているのが住宅ローンの残債です。

❖繰り上げ返済をしないと定年までに完済できない

住宅を初めて取得する（1次取得者）世帯主の年齢を、住宅の種類別に調査したのが左上図。これを見てもわかる通り、平均年齢は40歳前後です。住宅ローンの借入期間は多くの金融機関が最長35年と設定しているので、住宅ローン審査を通りやすくするため当初は長期で設定します。しかし借入期間中に繰り上げ返済を行い、最終的には20年程度で返済を終える人も多いとされます。ということは、順調に返済が進めば60歳前後で完済ですが、繰り上げ返済が予定通り実行できなければ、定年時に住宅ローンの返済が終わっていなくても不思議ではありません。

日本は持ち家率が高く、左下図のように定年後の世代は9割以上が住居を保有しています。持ち家を購入するか、

住宅購入適齢期を過ぎても持ち家比率は上昇する

●世帯主の年齢（一次取得者）

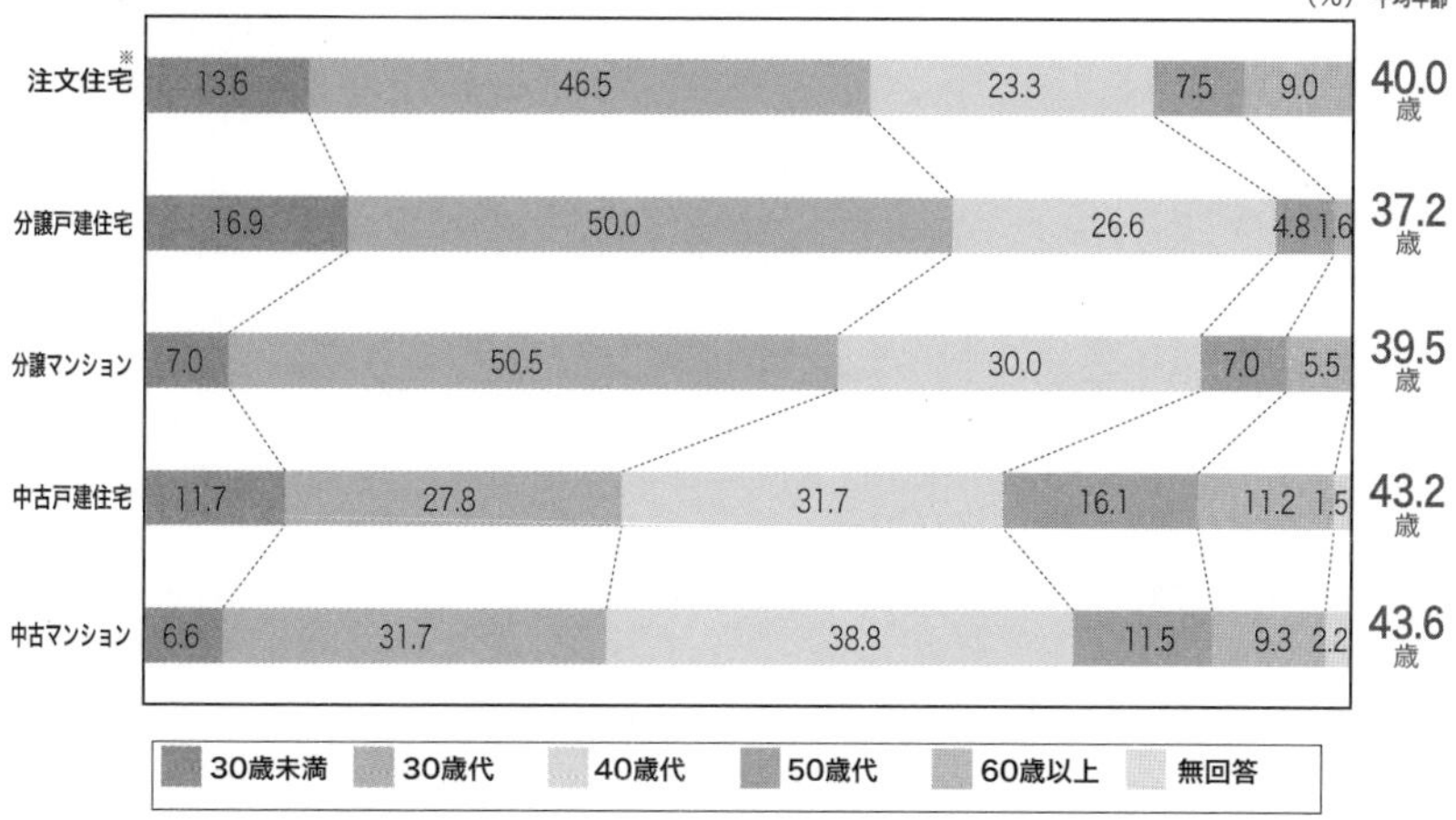

※建て替えを除く
出典：国土交通省「令和3年度住宅市場動向調査」

●土地家屋借金返済額と持ち家比率

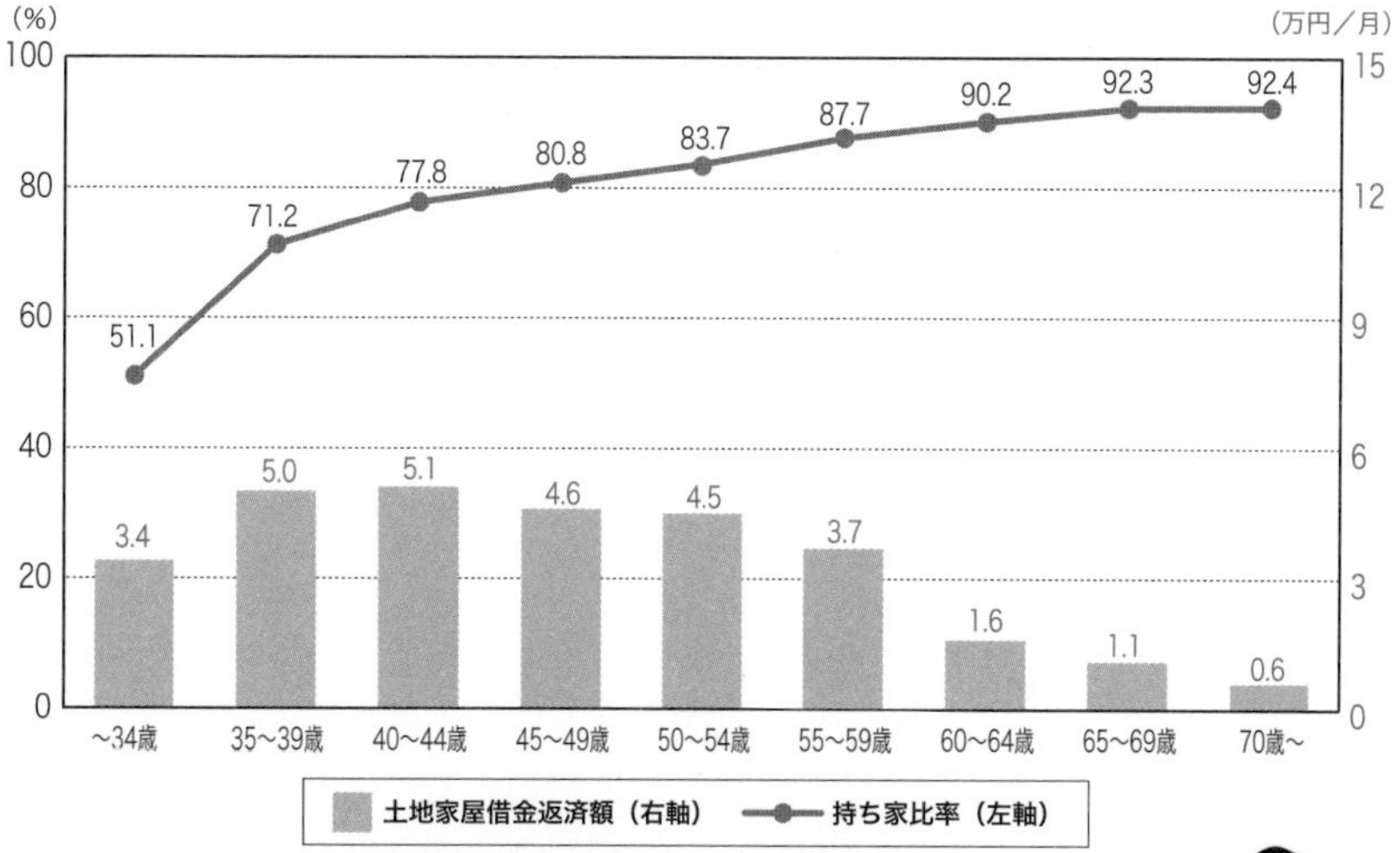

出典：総務省「家計調査2019年」

借家住まいを続けるかについては、そのメリット・デメリットを一概に判断するのは難しい問題です。ただ、定年後の家計を見てわかることは、住宅ローンを完済さえしていれば、持ち家を所有したことは、おおむねいい選択だったといえます。

　というのは、支出額の目安とした総務省の「家計調査」では、持ち家か借家かを問わず平均を算出するため65歳以降の地代家賃としては約3000円しか計上されていません。居住地域によって家賃は異なりますが、3000円で借りられる家を探すのはどこであっても難しいはずです。月数万円に上る家賃支出は定年後の家計にとって大きく、高齢期になって働けなくなることを想定すると、できる限り住居費は安くしておくに越したことはありません。しかし、それは住宅ローンを完済していれば、という条件付きの話です。

　P141下図を見ると定年以降の土地家屋借金返

退職給付金額は確実、かつ急速に減少している

●退職給付金額の推移

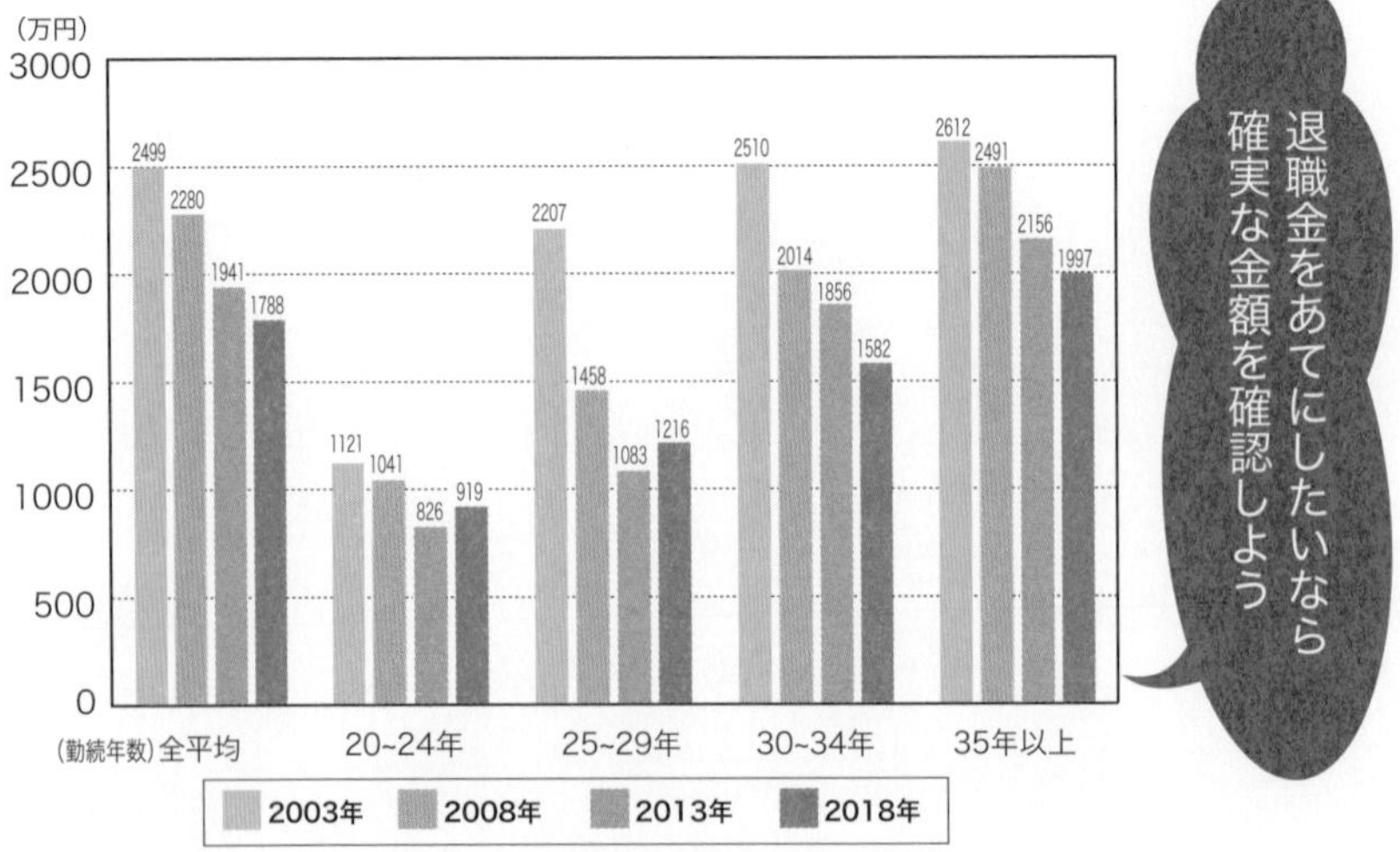

出典：厚生労働省「就労条件総合調査」大学卒（管理・事務・技術職）

済額は小さな金額に見えますが、これは返済が０円の人も含めた平均値だからです。金融広報中央委員会の「家計の金融行動に関する世論調査（令和４年）」によると借入金（住宅ローン以外も含む）がある世帯は、60歳代で16・３％、70歳代で10・１％。住宅ローン残高の平均は60歳代で７６６万円、70歳代で４６３万円。定年後の家計にとっては、決して見逃すことはできない金額です。

❖残債の支払いに退職金は当てにできない

住宅購入を検討しているとき、営業マンから「定年までに返済できなかったら退職金で払えば大丈夫」といわれた人も多いのではないでしょうか。ところが、その退職金に大きな変化が起きています。右図を見るとわかる通り勤続年数にもよりますが、２００３年と18年の調査では平均で約72％、最も減少幅が大きい勤続25～29年に至っては約55％に減少するという驚くべき事実があるのです。

そもそも、退職金は企業規模や勤続年数によって大きな違いがあるため、統計データなどの数字を目安にするのは危険です。あくまで退職金は老後の余裕資金と捉え、住宅ローンはもちろん、その他の借金についてもすべて完済して定年を迎えることが、老後のお金への不安の解消になるでしょう。

「こんなはずじゃなかった」とならないためには、定年までに住宅ローンなどすべての借金を完済しましょう。

財産は自分のために使い切る！子どもの有無にかかわらず約31％は残さない

三世代以上が同居する大家族制度から核家族制度へ変わり、財産を受け継ぐという考え方は徐々に薄れてきています。親世代とは異なる家族観、価値観を持つ現代の定年世代は、これからの人生とお金について、どんな考え方をしているのでしょう。人生１００年時代ということは、定年後といっても40年近くの月日があるのです。

❖資産を０円にして最期を迎えるのは難しい

自分の老後資金さえ足りるかどうかわからないのに遺産をどうするかなんて、と思う人もいるでしょう。しかし、人生の終わりと資産０円のタイミングを合わせるのは至難の業ですから、残った資産をどうしたいかを相続人に伝えておくことは必要です。

ちなみに「うちには揉めるほどの財産はないから」という言葉をよく聞きますが、令和2年度の司法統計によると、家庭裁判所に持ち込まれた遺産分割事件のうち認容・調停が成立した件数は、相続税の対象外とみられる５０００万円以下が約78％。遺産額が少なくても争いになる、逆に少ないから争いになるともいえます。

子どもへ残そうと思う人も3分の1は条件付き

●遺産についての考え方

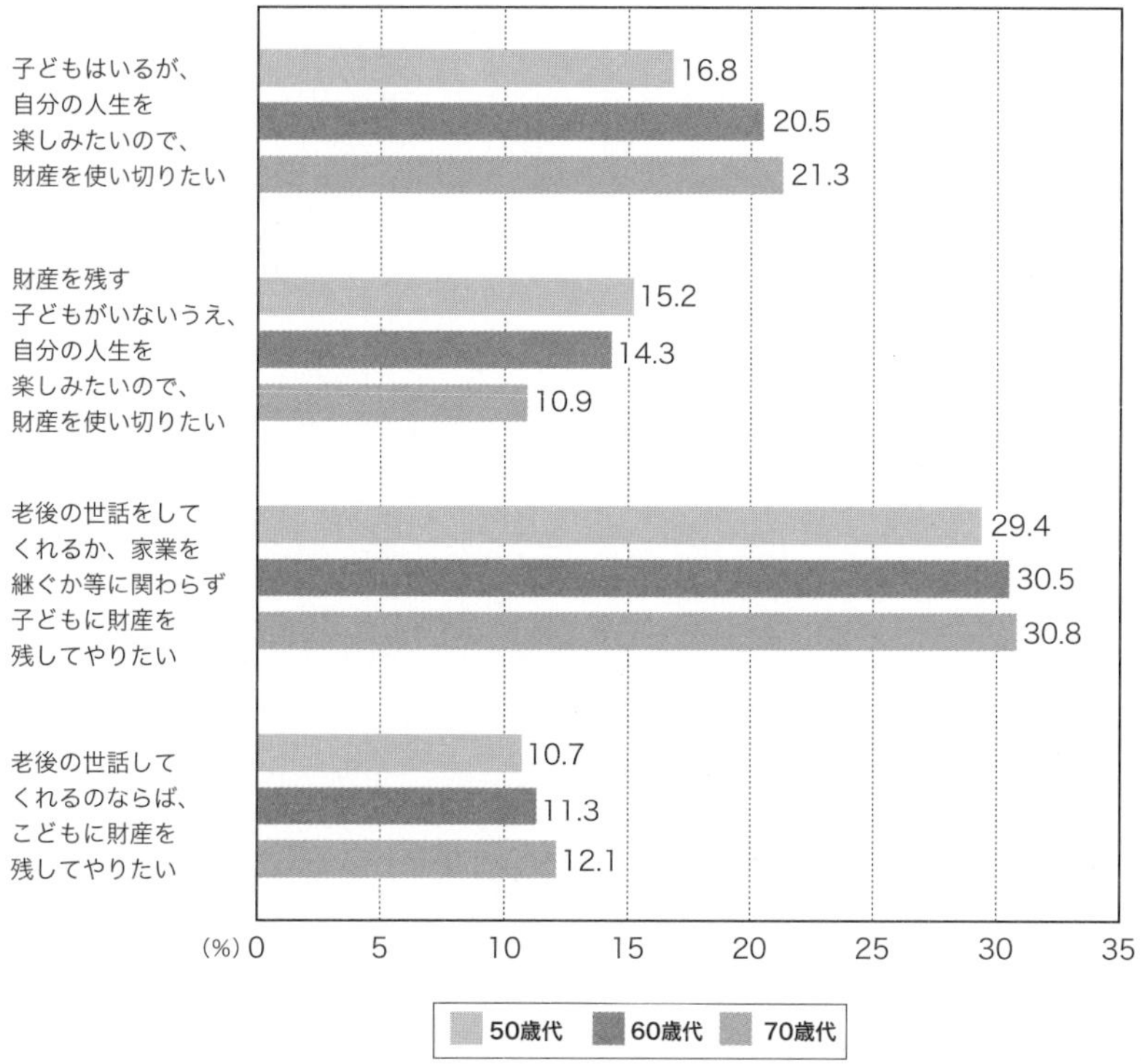

出典：金融広報中央委員会「家計の金融行動に関する世論調査「二人以上世帯調査」(令和４年)

金融広報中央委員会の調査で、遺産についての考え方を聞いた結果がＰ１４５です。やはり多数派は「老後の世話をしてくれるなら」「家業を継いでくれるなら」といった条件付きも含めて、子どもに残してやりたいという意見。少しずつではありますが、年代が上がるごとに増え70歳代では45・２％となっています。

注目したいのは、財産を使い切りたいと考えている人の割合。子どもがいない人は年代を重ねるにつれて減っているのに対して、子どもがいる人は増えているという事実。あくまで推測ですが、子どもがいない人は使い切ろうと思っていたが寿命がわからないので使うことへの不安を感じるようになった、子どもがいる人は歳を重ねていく自分への子どもたちの対応を見て残す必要はないと考えるようになった……。昨今の社会状況を重ね合わせると、そんな姿が見えてきます。

まだまだ少数派ですが「社会・公共の役に立つよう

人生の最大テーマは「お金」と「健康」

●心の豊かさを実感する条件（3つまでの複数回答）

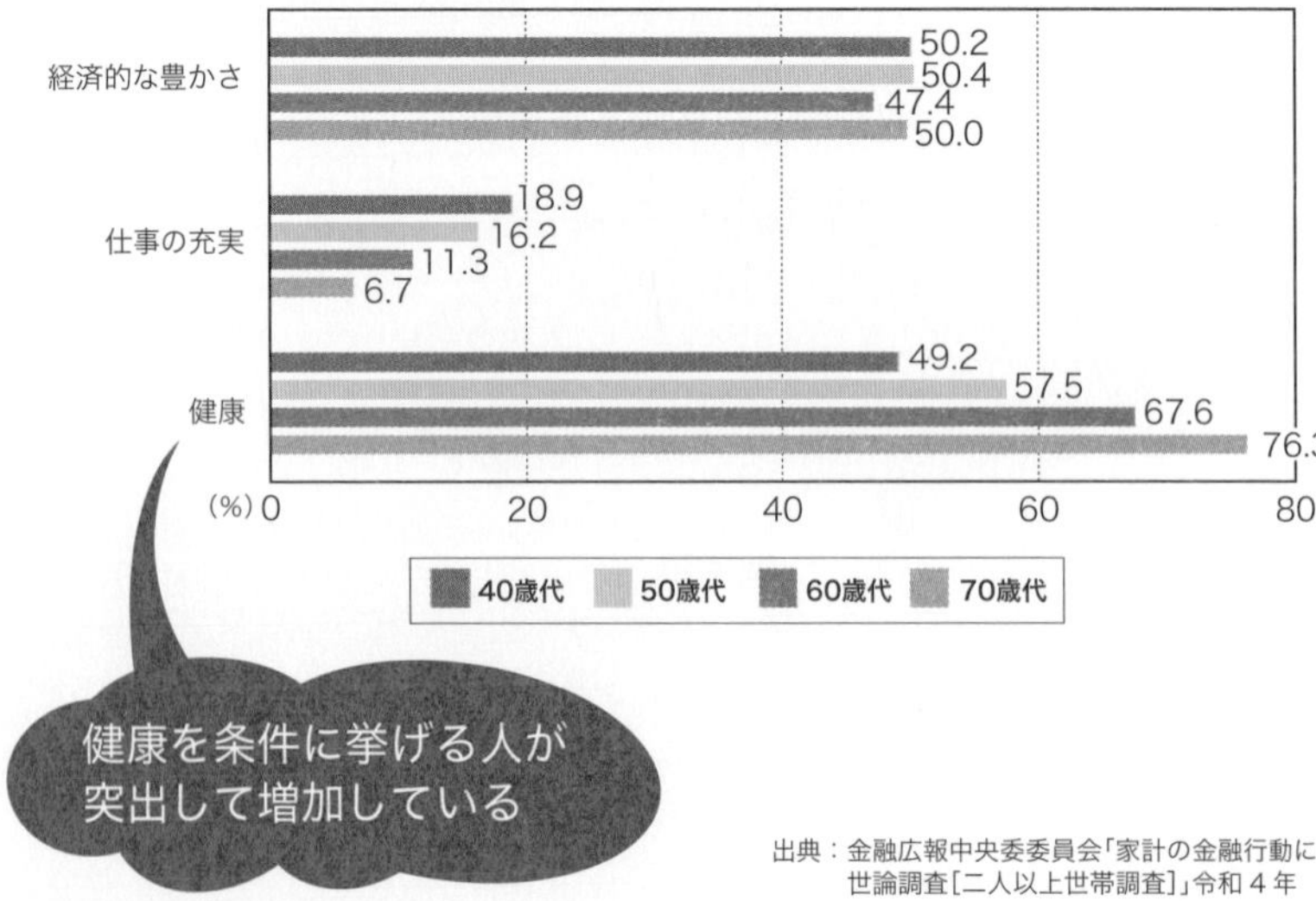

出典：金融広報中央委員会「家計の金融行動に関する世論調査［二人以上世帯調査］」令和４年

にしたい」と考える人も約４％います。遺贈寄付などを利用すれば、相続人以外に資産を残すこともできる時代です。家族関係が希薄になっている今、人生の最期を託すのは子ども以外という選択肢もあるのかもしれません、

❖高齢期は何よりも「健康」が重要になる

人生とお金は切っても切れない関係ですが、生活を豊かに送るためには何が必要なのでしょう。「心の豊かさを実感する条件」を調査したのが右図です。「経済的な豊かさ」は世代による違いがあまりありませんが、大きく異なるのが「健康」です。

人生１００年時代といわれますが、健康でなくては人生を楽しむことはできません。そこで注目したいのは寿命ではなく健康寿命。健康寿命とはＷＨＯが２０００年に提唱した「健康上の問題で日常生活が制限されることなく生活できる期間」で、厚生労働省の２０１９年のデータによると男性の場合、平均寿命は81・41歳ですが健康寿命は72・68歳で、その差は8・73年。女性は平均寿命が87・45歳で健康寿命は75・38歳、その差は12・07年です。

条件の1位が「経済的な豊かさ」を「健康」が逆転するのは50歳代。健康はその後も増え続け、70歳代になると76・3％になります。寿命と健康寿命の差を埋めることこそが、人生の最後にして最大のテーマといえそうです。

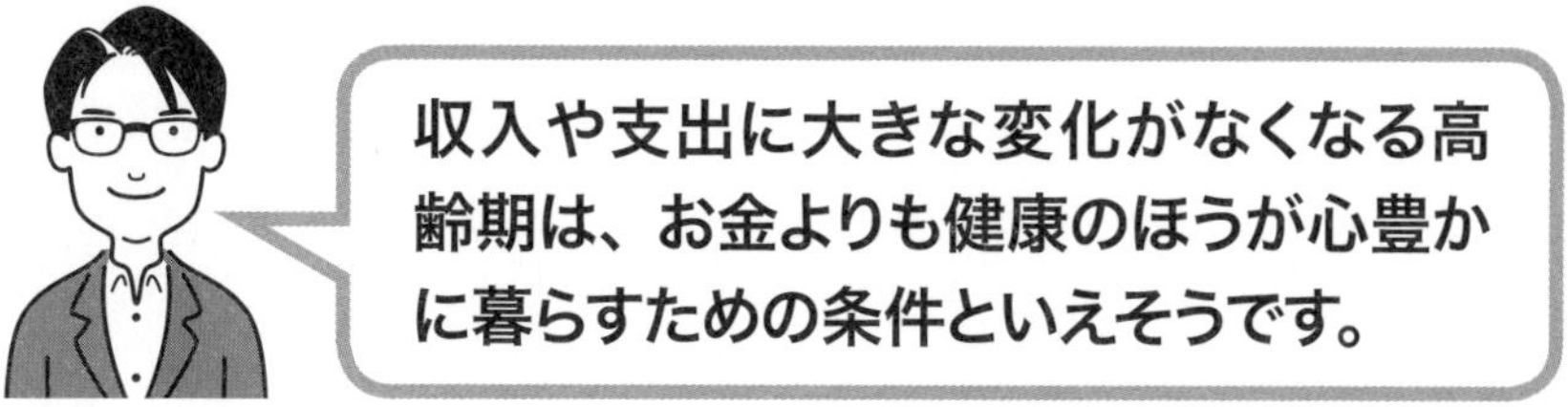
収入や支出に大きな変化がなくなる高齢期は、お金よりも健康のほうが心豊かに暮らすための条件といえそうです。

定年後の お金 のリアル
Question 19

年の差夫婦です。妻が年金を受け取るまで、夫の年金だけでは生活が苦しいです

52歳
専業主婦

私は52歳、夫は64歳の年の差夫婦です。夫は会社役員ですが、来年は退職になるようです。子どもは大4と高3。下の子の学費は確保しており、住宅ローンは完済しています。それでも、来年からやっていけるか心配です。

年金では生活費が確保できないなら夫婦で仕事を

年の差夫婦で、お子さんも夫の年齢の割には小さいということになれば、何かしらの貯蓄の準備はされてきたのではないでしょうか。ただ、来年会社を退職されるとなると、生活のことが心配になるのは当然のことと思います。まずは冷静に「出ていくお金」がいくらなのかを試算するところから始めましょう。今まで家計簿をつけられたことはあるでしょうか。支出を把握するために、3カ月でもいいので生活費を書き出してみましょう。現状の生活費がわからないと、出ていく金額がわからず、赤字なのか黒字なのかもわかりません。ましてや、年金生活に入ってやっていけるのかも皆目見当がつきません。数字の書き出しは10円単位まで細かくなくても構いません。とりあ

えず、何にいくら使っているかが大体わかればＯＫです。

家計簿をつける時に意外と困るのが費目です。たとえば食費でも、外食費もあれば、食材も、惣菜や弁当もあります。何が食費で、何が交際費かなどは面倒ですが、ルールを作って把握しましょう。また、毎月かかる「生活費」と、たまたまかかった冠婚葬祭などの「特別費」は分けて記入します。また、固定資産税や年払いの保険料などもあるかもしれません。これも「特別費」です。これらを計算して、年間でいくらかかるかをざっくり計算するのがポイントです。

今度は「入ってくるお金」も確認してください。夫の年金額はいくらなのでしょう。公的年金以外に企業年金や個人年金などもあるかもしれません。それらを合計して、年間で夫の収入はいくらか考えます。

妻が年金を受け取るまで、夫には「家族手当」がつく！

「出ていくお金」と「入ってくるお金」を比べて、差し引きはどうなったでしょうか？「出ていくお金」のほうが多いかもしれません。その場合は、まずは「出ていくお金」を減らす、つまり家計のダウンサイジングは必須でしょう。ただ、それだけでは、なかなか賄えないのであれば、やはり夫はどこかに再就職する、さらには妻も働きに出ることをおすすめします。まずは「入ってくるお金」と「出ていくお金」を同じにすることが望ましいのですが、年の差夫婦の場合、妻の一人暮らし期間も長くなる可能性があるので、その分の生活費をいまのうちに貯蓄で確保したいところです。つまり、夫が65歳以降も貯蓄ができる家計を目指してほしいものです。

加給年金を受け取れる時期をチェック

●加給年金受給時期

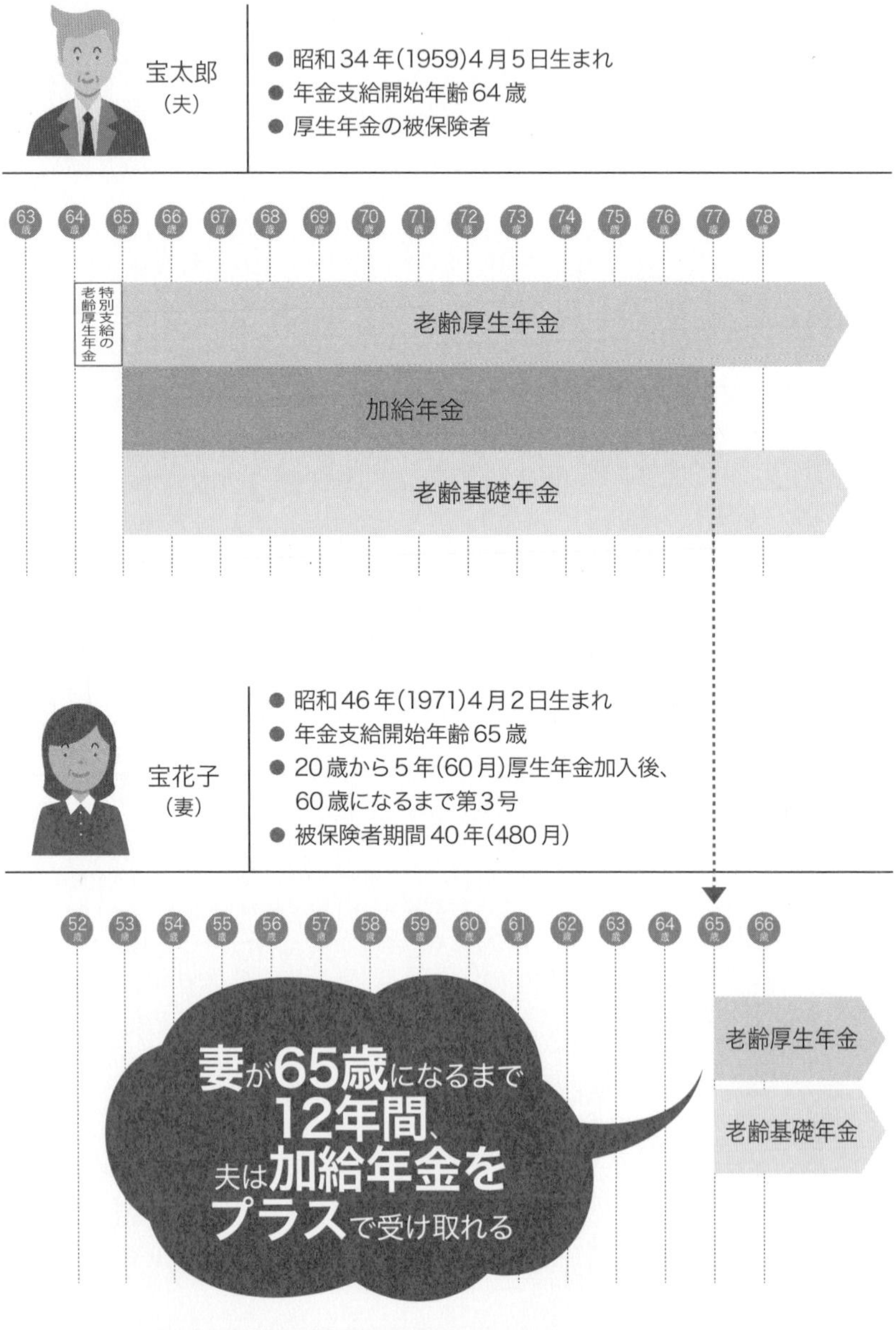
宝太郎
（夫）
● 昭和34年（1959）4月5日生まれ
● 年金支給開始年齢64歳
● 厚生年金の被保険者
63歳 64歳 65歳 66歳 67歳 68歳 69歳 70歳 71歳 72歳 73歳 74歳 75歳 76歳 77歳 78歳
特別支給の老齢厚生年金
老齢厚生年金
加給年金
老齢基礎年金
宝花子
（妻）
● 昭和46年（1971）4月2日生まれ
● 年金支給開始年齢65歳
● 20歳から5年（60月）厚生年金加入後、60歳になるまで第3号
● 被保険者期間40年（480月）
52歳 53歳 54歳 55歳 56歳 57歳 58歳 59歳 60歳 61歳 62歳 63歳 64歳 65歳 66歳
老齢厚生年金
老齢基礎年金
妻が65歳になるまで12年間、夫は加給年金をプラスで受け取れる

　ところで、公的年金には「加給年金」という加算があるのをご存じでしょうか？　夫婦でどちらかが先に年金を受け取るようになると、もう一方の配偶者が65歳になるまで、「加給年金」といういわば家族手当が年間約40万円支給されるのです（右図参照）。ただし、配偶者が、厚生年金の期間が20年以上あり65歳より前に受け取っていると、もらえません（生年月日による）。ねんきん定期便には書かれていない年金ですので、ご存じない人も多いです。ですが、年金請求書の提出の際に同時に請求できるようになっていますので、忘れずに届け出をしましょう。
しっかり試算さえできていれば、それに沿って暮らしていけば心配はありません。

Answer 19

＊ いま、いくらの生活費を使っているのかをまず家計簿をつけて把握

＊ 出るお金、入るお金は年間で計算する

Point

公的年金の「家族手当」。加給年金の確認をお忘れなく

被保険者に生計を維持されている配偶者や子どもがいて、受給要件を満たしているときに支給される年金です。

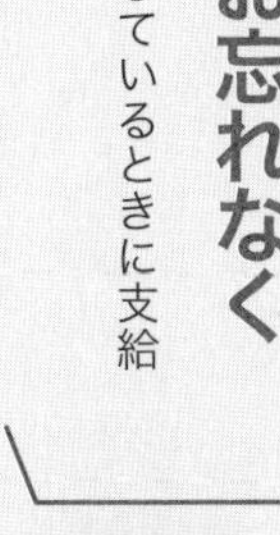

定年後の お金 のリアル
Question 20

晩婚で子どもがまだ小さいので、介護と教育費が重なりそうです。何かいい対策はありますか？

56歳
会社員（女）

42歳時に同い年の夫と結婚しました。現在、中学1年生の子どもがいます。最近、84歳で一人暮らしの母の体調がすぐれず、ちょくちょく実家にも帰っています。この先がとても不安なのですが、どのように対策を取ればいいでしょうか。

❖ 教育と介護の資金繰りと体制のめどをつける

高齢で出産する女性は増加の一途をたどっています。出産年齢が35歳以上の割合は１９９０年に1割未満だったものが、２０２０年には3割になっています。高齢出産しつつ、仕事も続ける女性は増えていますが、その一方で起こっているのが、ライフイベントの重なりです。

昭和の時代であれば、20歳代で結婚・出産し、30歳代で子育て、40歳代で教育費の負担が大きくなり、50歳代は子どもが独立して親の介護が始まり、落ち着いた頃に自分の老後となる、といった生活設計モデルになっていました。それが、晩婚化、高齢出産で、同じタイミングで行事・イベントが起きてしまうケースが増えているのです。

精神的にも肉体的にも負担に感じられることが多いかもしれませんが、こうしたときもまず、課題を整理して、ひとつずつマネー面で整理していくことで、ずいぶんと気持ちが楽になるものです。

まず優先順位の1位としては、子どもの教育費をしっかり確保することです。中学1年生ということですと、これから高校受験、大学受験に向けて、教育費がうなぎ上りに増えていく時期です。中学高校時代は塾代、大学時代は年間100万円プラスαの資金が必要でしょう。教育費の場合、資金準備は大学からとよく言いますが、お子さんのために500万円程度の資金が準備できているでしょうか？　まだしっかりできていないなら、共働きのメリットを生かして、教育費だけで毎月5万円を6年間貯めれば、360万円は準備できます。このお金を塾代に使わず、しっかり確保して、大学入学以降も教育費を貯めて賄っていきましょう。お子さんが大学を卒業するときに、夫婦が65歳を迎えるので、雇用継続で働くか、転職して70歳くらいまで働ける仕事を探すことも大切です。

❖ 自分たちの老後資金は年金の繰り下げで

介護については、お金の負担を子どもがする必要はありません。ただ、子育てと仕事の両立でも、体への負担は大きいのに、さらに親元通いをするのは大変で、いつか破綻してしまうかもしれません。親御さんとも相談して、介護のサポートを受けられる施設への入居やヘルパーさんとデイサービスの利用で、自宅でもフルサービスを受けられるなどの体制づくりを進めましょう。あなた自身はキーパーソンとして、ケアマネジャーさんと相談をしつつ、必要なときだけ親を訪問するように切り替えることで、負担は減らせるはずです。

繰り下げすると年金はどのくらい増える？

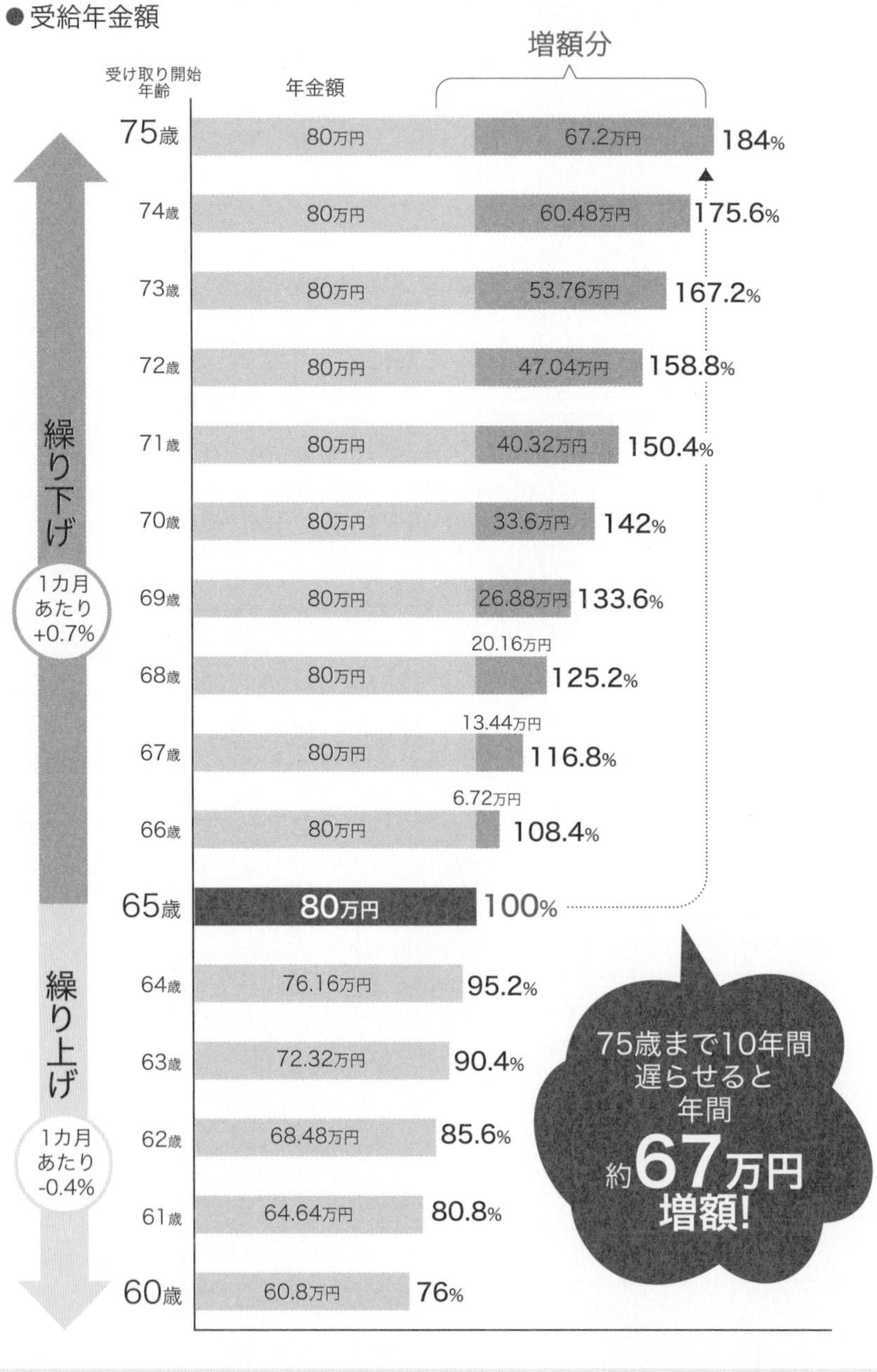
●受給年金額
増額分
受け取り開始年齢
年金額
75歳 80万円 67.2万円 184%
74歳 80万円 60.48万円 175.6%
73歳 80万円 53.76万円 167.2%
72歳 80万円 47.04万円 158.8%
71歳 80万円 40.32万円 150.4%
70歳 80万円 33.6万円 142%
69歳 80万円 26.88万円 133.6%
68歳 80万円 20.16万円 125.2%
67歳 80万円 13.44万円 116.8%
66歳 80万円 6.72万円 108.4%
65歳 80万円 100%
64歳 76.16万円 95.2%
63歳 72.32万円 90.4%
62歳 68.48万円 85.6%
61歳 64.64万円 80.8%
60歳 60.8万円 76%
繰り下げ
1カ月あたり+0.7%
繰り上げ
1カ月あたり-0.4%
75歳まで10年間遅らせると年間約67万円増額!

問題なのは二人の老後資金です。65歳になるまで、子どもの教育資金や生活費の負担が重く、二人の老後資金を潤沢に用意できない可能性があります。二人ともiDeCoに加入するなど、できる範囲での準備はしつつも、70歳までは会社員として働ける体制をつくることが大事です。

そのうえで、公的年金の受給は70歳からに繰り下げる選択肢もあります。ご夫婦で長く会社員をしているので、それなりにまとまった公的年金を受給できるかもしれませんが、不安は残ります。5年繰り下げることで、受給額は142％アップしますから、例えば、月17万円の年金は約24万円にアップ。二人で月48万円が受給できます。

Answer 20

✳ 教育資金を最優先で確保。大学資金から貯めていく
✳ 親の介護資金は親が出す。介護体制をしっかり構築する

Point

年金の繰り下げを利用して受給額を142％にアップ

年金の支給開始を66歳以降好きなタイミングで、1カ月単位で遅らせることができる制度。「繰り下げ受給」と呼ばれ、1年遅らせると8・4％受給額がアップします。

お金
定年後のお金のリアル
Question 21

退職金や企業型確定拠出年金など、まとまったお金の受取は一時金方式と年金方式のどちらがいいですか

59歳
会社員

来年退職金を受け取れる予定ですが、会社の退職金のほかに、企業型確定拠出年金も加入していたようです。今まで無頓着で仕組みなどもよくわかっていないのですが、一気に一時金で全部もらうのと年金方式でもらうのとどちらがお得でしょうか。

❖ 会社のルールをまず確認する

定年退職時に勤務先から支給されるのが「退職金」です。ただし、退職金制度はどこの企業でもあるわけではなく、厚生労働省の調査では企業の75％に退職金制度があり、そのうちおよそ65％は退職一時金のみです。ご質問の様子では、お勤めの会社は一時金と年金のどちらも準備されているようです。

ここで注意したいのは、退職金と企業型確定拠出年金（便宜上、ここでは企業年金という）の受け取り方に選択方法があるかどうかです。企業によっては、退職金は一時金、企業年金は年金など、選択肢がない場合もあるでしょう。しかし、両方を合わせて「すべて一時金で」「一時金と年金の組み合わせ」「すべて年金で」など選択肢を設け

ているケースも多いです。まず、会社でどのような受け取り方ができるのかの確認が必要です。

退職金などをどう受け取るかは、税金や社会保険料にも影響がありますが、まずは自分のライフプランと照らし合わせる必要があります。継続雇用や再就職で会社員として働き続けるなら、税制面で有利な一時金で受け取るのがベター。アルバイトや起業をする場合は収入が安定せず、一時金で受け取ると使いすぎてしまう可能性もあるので、すべて年金で受け取るか、一時金と年金の併用にして受け取るといった工夫が必要です。

❖退職所得控除の計算方法を知っておく

退職金を一時金で受け取ると退職所得控除という税金の計算方法が適用されます。会社員にとって人生最大の収入ということもあり、税制優遇が適用されています。詳しい計算方法は次ページの図で説明していますが、自分がいくらの退職所得控除を受けられるかということは知っておくといいでしょう。この計算は勤続年数が20年を超えるか否かによって異なります。

勤続年数が20年以下であれば、「40万円×勤続年数（80万円に満たない場合は80万円）」、勤続年数が20年超であれば、「800万円＋70万円×（勤続年数−20年）」という計算式でそれぞれ退職所得控除額が求められます。

さらに退職金などから退職所得控除額を差し引いて残った金額も、2分の1にしたものが「退職所得金額」となり、それに税率を掛けると支払うべき所得税額がわかります。控除額も大きければ、残った金額も半分にしたものに課税されるというお得なものです。

30年の勤続年数なら1500万円まで非課税

●退職一時金にかかる所得税額の計算方法

$$\left(\text{退職一時金} - \text{退職所得控除額}^{[A]}\right) \times \frac{1}{2} \times \text{税率} - \text{控除額} = \text{所得税額}^{[C]}$$

（B 課税退職所得の金額 ＝（退職一時金 － 退職所得控除額）× 1/2）

A 退職所得控除額の計算式

勤続年数20年以下
40万円×勤続年数 （80万円に満たない場合は80万円）
勤続年数20年超
800万円＋70万円×［勤続年数－20年］ （1年未満の端数は切り上げ）

所得税の税額速算表

課税退職所得金額	税率	控除額
1000円~195万円以下	5%	0円
195万円超~330万円以下	10%	9万7500円
330万円超~695万円以下	20%	42万7500円
695万円~900万円以下	23%	63万6000円
900万円超~1800万円以下	33%	153万6000円
1800万円超~4000万円以下	40%	279万6000円
4000万円超～	45%	479万6000円

計算例 ・勤続年数 **29年3か月（→30年）**で**2000万円**を受け取る場合

1 退職所得控除額 A を出す

800万円 ＋ 70万円 ×（30年［勤続年数］－ 20年）＝1500万円［A 退職所得控除額］

2 課税退職所得の金額 B を出す

（2000万円［退職一時金］ － 1500万円［A 退職所得控除額］）× 1/2 ＝ 250万円［B 課税退職所得の金額］

3 所得税額 C を出す

250万円［B 課税退職所得の金額］ × 10%［税率］ － 9万7500円［控除額］ ＝ 15万2500円［C 所得税額］

※プラスで復興特別所得税3,202円、住民税（税率一律10%）25万円がかかる

住民税率は課税所得の一律 10% が徴収されます。
税率を掛けた後の控除額はありません。

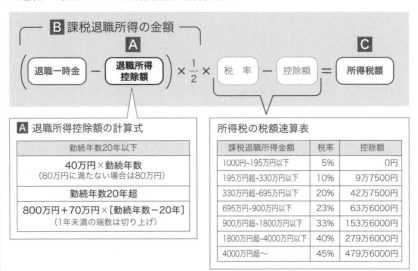

例えば、30年勤務した人なら、1500万円が退職所得控除額となり、その範囲の退職金なら、税金はゼロです。なので、退職所得控除の範囲で一時金を受け取り、残りを年金で受け取るといった選択肢も考えられるわけです。また年金で受け取る場合、社会保険料がアップする可能性があることも留意すべき点です。

Answer 21

✳自分の会社の退職金の受け取り方法に選択肢があるかどうかを確認する
✳受け取り方法の選択は定年退職後の働き方によっても違う

Point

退職金にかかる退職所得控除の税制の仕組みを把握しておく

退職金は給料やその他の所得と分離して、退職所得として課税されます。その際、退職所得控除が適用され、税制面でも有利な仕組みとなっています。

定年後のお金のリアル
Question 22

退職金で人生最大のまとまったお金が入ります。どうやって管理すればいいでしょうか

58歳（男）
会社員

60歳で会社から退職金を受け取れます。どうやら１０００万円を超える額を一括して受け取ることになるようです。その後の雇用継続で働こうと思っているので、すぐに使う当てはないのですが、どのように管理したらいいでしょうか？

❖ 一番してはいけないのは、全額、株式などに投資すること

退職金の平均額は１７８８万円。いままで見たことのないような金額を一括で支給され、給与振込口座に入金されると、気が大きくなって、何かに使わなければと思ってしまう人をたくさん見てきました。また、金融機関も放っておきません。「一時金で保険に預けましょう」とか「特別に金利の高い定期預金をご用意しました。ついでに投資信託にも投資してみませんか」など、勧誘の電話がかかってきたりします。とにかく、そこで舞い上がって行動するのはＮＧ。普通預金にまとまったお金があるのは気になるかもしれませんが、しばらく、そのまま放っておきましょう。冷静にならなければ人は判断を間違えてしまいます。

退職金はこの先30年など長い期間続くシニア生活の大事な資金です。まずは、夫婦二人なら、それぞれ500万円ずつ介護・医療用のお金としては別に分けておくことです。そのほか、お子さんがいるなら、結婚式や出産、住宅購入などのライフイベントで補助をする考えがあるならその費用、リフォーム代なども分けておく必要がありますね。株式投資などで持ち金をすべて一括投資などしている場合ではないのです。目的別に定期預金や個人向け国債（変動型）などに分けて預けておくと、知らぬ間に取り崩してしまうということがなくて安心です。この預け分けも計画をまず立てて、ゆっくり行動しても間に合いますので、とにかく慌てないことです。

Answer 22

✳✳退職金が入金されてすぐに舞い上がらない金融機関の勧誘にすぐに乗らない

Point

個人向け国債（変動型）を利用するのもあり

個人向け国債（変動型）は満期10年、金利は半年ごとに長期金利の変化に合わせて見直しがされ、1年経てばいつでも解約自由な商品。1万円単位で預け入れできるので便利

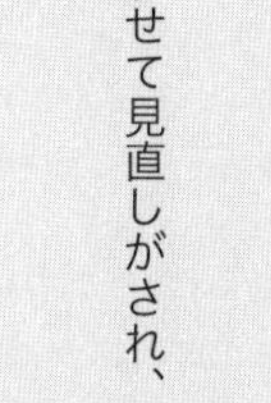

定年後のお金のリアル
Question 23

２０２４年から拡充される新ＮＩＳＡ。定年後に始めても遅くない？

61歳
会社員

昨年、退職金を受け取り、継続雇用で現在も勤務しています。退職金の運用をどうしたらいいかわからないまま、いまに至っています。新ＮＩＳＡが24年からスタートすると聞きましたが、定年後でも利用できますか？

❖運用期間15年以上を見ておくこと。介護資金の一部活用に

退職金といままで運用してきた手持ち資金を合わせて、いくらの貯蓄を保有しているのか、また、住宅ローンなどの残債はないのかによっても、退職金の運用方法は違ってきます。60代の純貯蓄は平均２０００万円、中央値で１５００万円となっています。ご相談者が退職金１５００万円、貯蓄１５００万円で合計３０００万円を保有。住宅ローンの残債もないのであれば、一部を新ＮＩＳＡで利用することを考えてもよいかもしれません。

新ＮＩＳＡは24年からスタートですが、23年時点なら、つみたてＮＩＳＡを利用できますので、つみたてＮＩＳＡから始めてもいいでしょう。つみたてＮＩＳＡは、投資信託を毎月積み立てていくことで、運用してい

く方法です。売却益や分配金には通常約2割の税金が課税されますが、それが非課税になるところがメリットです。

投資信託のメリットは、1本の利用でも投資対象を分散できることです。さらに、積み立てることで時間の分散ができます。また、最低でも15〜20年は運用期間を考えておいたほうがいいでしょう。そうなると、NISAで運用する資金は70歳後半から80歳以降に使うお金ということで、介護や医療用資金の一部にすると考えてもいいですね。そうなると、MAXでも、1人500万円、すべてを投資資金で賄うのもリスクがあるかもしれませんので、総額300万円程度の元金を毎月積み立て用に3万円（新NISAなら5万円）ほど回してはどうでしょう。

Answer 23

ある程度の手持ち金があるならば、一部をNISAで運用するのも可

投資期間を考えると、75歳以降に必要となる資金の運用となる

Point

23年からNISAを始めて、まずはつみたてNISAを利用

24年から新NISA制度になりますが、23年につみたてNISAを利用していれば、年40万円分を20年非課税で、別枠で利用できます。

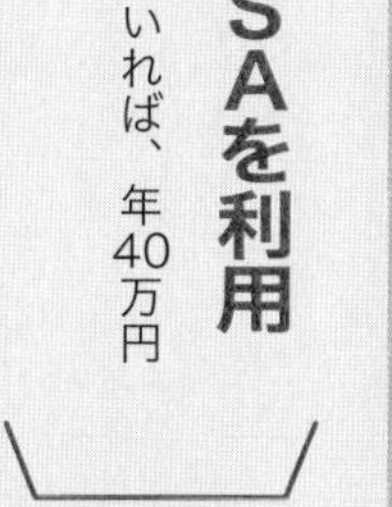

定年後のお金のリアル

Question 24

民間の保険に数社加入しています。定年後はどうやって見直せばいいでしょうか

62歳
会社員

定年退職後に転職して70歳まで働く予定です。昨年、一番下の子どもが独立したので生命保険の見直しを考えています。現在、数社に加入しており、保険料は月２万円程度です。

❖ 家計のダウンサイジングの筆頭費目

生命保険文化センターの調査によると、一世帯あたりの平均月額保険料は約３万１０００円。年代別で見ると50代後半では月約３万６０００円ともっとも高くなります。定年後、特に年金生活が始まるにあたっては、生活費のダウンサイジングが必要になってきます。保険料月３万６０００円もの出費をするわけにいきません。その際に見直しをする筆頭候補が生命保険料になるわけです。

生命保険は死亡を中心に見直すことがベターです。というのは、加入すればするほど、確実に手元のお金が減ってしまうことになるからです。保険料は「固定費として定着する」ということです。保険料が60歳までなどで払い

済みになっているなら構いませんが、保険料が終身払いであれば、最低限必要なものだけを残して解約を考えてみてください。

まず第一に子どもが独立したあとは「死亡保障」がゼロでも構いません。何千万円もの死亡保障に加入しているのであれば死後の整理資金として300万円ほどにダウンサイジングするのも手です。医療保険やがん保険もまとまった貯蓄があれば、解約してもいいでしょう。医療費がかかるイメージですが、75歳以降の後期高齢者医療制度に移行すると自己負担は1割（収入による）です。

Answer 24

年金生活に向けて、生命保険料はダウンサイジングの筆頭候補
特に死亡保険は子どもが独立したらゼロでもいい

Point

医療保険やがん保険も手持ち資金があればいらない

老後は医療費負担が高くなるイメージがありますが、75歳以降は後期高齢者医療制度に全員が移行。所得の高い一部の人を除き、自己負担割合は1割で保険に頼らなくてもOK。

定年後の お金 のリアル

Question 25

配偶者に先立たれた場合、年金はどうなるのですか？

夫は現在69歳でアルバイトをしています。いまは二人の年金プラス夫の給料で暮らしていますが、夫に先立たれた後、自分の生活費を賄っていけるか不安です。いまの私の年金額は基礎年金だけで、月6・5万円程度です。

67歳
無職

❖ 夫の老齢厚生年金の4分の3が遺族厚生年金として受給できる

夫が会社員、妻が専業主婦だった場合、夫が死亡した後は、妻の老齢基礎年金に夫の老齢厚生年金の4分の3（75%）の「遺族厚生年金」が受け取れます。夫婦二人で年金を受け取っていた時に、例えば、夫の老齢厚生年金が月9・2万円と老齢基礎年金が月6・5万円とすると、妻はこのうち、月9・2万円の4分の3、月6・9万円が遺族厚生年金になります。ただし、いままで、2人分の年金月で22・2万円で暮らしていたところが、月6・9万円＋月6・5万円＝月13・4万円で暮らしていかなければならなくなります。つまり、入るお金は半減するわけです。

一人暮らしになったからといって、光熱費や食費などの生活費が半分になるわけではありません。一人暮らしになってからのほうが、生活が厳しくなることを予測して貯蓄などの蓄えを手持ちしておくといいでしょう。貯蓄額が心もとないのであれば、夫が死亡保険に加入し、万一の時に、妻にお金を残すことを考えておくのも一つの手です。マネー面だけでなく、年を取ってからの慣れない一人暮らしはペースをつかむのが大変です。近所づきあいや習い事をして、何かあったときに助け合える友人を持っておくことも大切。地域包括支援センターを活用したり、シルバー人材センターに登録してボランティアを頼むなどの方策も考えておきましょう。

Answer 25

✳遺族厚生年金を受給できるが、受給額は半減する

Point

地域包括支援センターを活用する

地域包括支援センターは、対象地域に住む65歳以上の介護・医療・保健・福祉などから高齢者を支える「総合相談窓口」。電話で連絡して、困っていることを相談すると便利。

定年後のお金のリアル

Question 26

将来介護施設に入るなら、ある程度きれいなところがいいのですが、いくらくらい準備すればいいですか？

64歳
会社員

妻と二人暮らしで子どもはいません。80歳になる前の元気なうちに、自宅を売却して高齢者施設に入ろうかと思うのですが、なるべくきれいなところで暮らしたいです。どの程度、費用がかかるのでしょうか。

❖ 元気なうちに入居する「住宅型」は、場合によっては高額な費用が必要

高齢者施設といってもいろいろなタイプがあります。施設を選ぶ時に、介護サービスを職員がする、いわばフルプラン施設と、外部の事業者と別に契約するオプションプラン施設の2種類があります。フルプラン施設が「介護型」、オプションプラン施設が「住宅型」と呼ばれています。ただ、ご相談者のイメージは、元気なうちに施設に入居するイメージのようです。その場合、住宅型が選択肢になってきます。住宅型は、民間施設が主流となっています。これには「住宅型有料老人ホーム」と「サービス付き高齢者向け住宅（サ高住）」の2種類があります。費用を見る時は、入居時に払う一時金と月々払う月額料金を見る必要があります。住宅型有料老人ホームは、豪華マンショ

ンから一般的な集合住宅のタイプまで、まさにピンからキリまでと言っても過言ではありません。LIFULL介護の調査では、住宅型有料老人ホームの入居一時金は0〜1億円、月額料金は10万〜40万円＋介護費となっています。豪華な施設を選ぶのは構いませんが、途中で費用が払えなくなるなら意味がありません。

元気なうちや軽度の介護時は自宅で過ごし、やや重度になってから数年暮らす介護型を選択すれば、そこまでの費用を準備しなくとも済みそうです。自宅での介護生活は、イメージしづらいかもしれませんが、デイサービスに出かけたり、ヘルパーさんに訪問してもらうことで、快適な生活を送れるものです。

Answer 26

高齢者施設は「介護型」と「住宅型」に大別できる 住宅型は利用期間と必要資金を試算して検討

Point

入居一時金の仕組みをよく確認する

高齢者施設の入居一時金は前払い金ともいい、一定期間の家賃を先に支払う場合が多いです。入居一時金が高額＝高い施設と思い込まず、よく説明を聞いてみましょう。

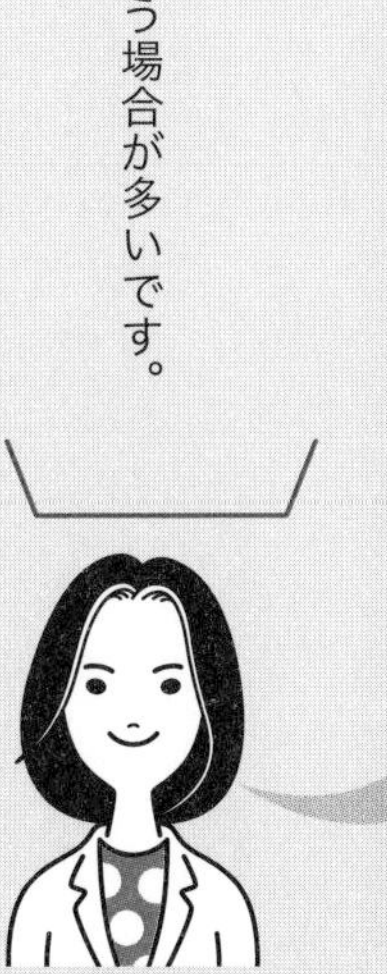

定年後のお金のリアル

Question 27

60歳の時点で3000万円の資産があります。何%投資に回せますか？

60歳
会社員

退職金を含めて60歳時点で世帯貯蓄額が3000万円あります。65歳になるまでは、夫婦の給料やパート代で暮らしていけそうです。65歳以降も、アルバイトをして月5万円程度は働く予定です。資産の一部を投資で運用してもいいでしょうか。

3000万円の貯蓄を保有していると、そのまま普通預金に入れておくのは不安になりますね。何かしなければと気持ちが焦るのはわかります。

実際、みなさんに残された貯蓄期間はあまり長くないかもしれません。多くの人の頭に浮かぶのが「投資」でしょう。気持ちはわかりますが、この年代で慣れないもの、よくわからないものに手を出すのは危険です。あくまでも、減っても困らない余裕資金でおこづかいやレジャー代を増やす目的で挑戦するといいでしょう。

お金を増やして老後に備えるなら、運用の前にまず「暮らしをダウンサイジングして、老後の日常生活は年金だけで賄える」ことを目指してください。基本、生活費が年金で支払えたとしても、安心してはいけません。固定資産税や自動車税、年数回の家族旅行といった定期的な特別出費があります。そのほか、子どもの結婚資金や出産費など、ざっくり把握しておく必要があり、それらは、定期預金などに預けておいたほうがいいでしょう。
こうした出費を差し引き、さらに医療・介護費800万円程度を差し引いた残りの資産を投資に回せることになります。利用するのは、投資信託の積み立てができる、つみたてNISAがいいでしょう。

Answer 27

日常生活費は年金で賄えるよう、ダウンサイジングする
定期、不定期の特別費を試算。医療・介護費は別に貯蓄する
余剰資金を投資する際には、つみたてNISAを利用する

Point

つみたてNISAの仕組みを利用しよう

NISA（少額投資非課税制度）制度の中で投資信託の積み立てに特化した制度。2023年は年40万円の枠で積み立てが可能。24年から新NISAとなり年360万円が投資可能に。

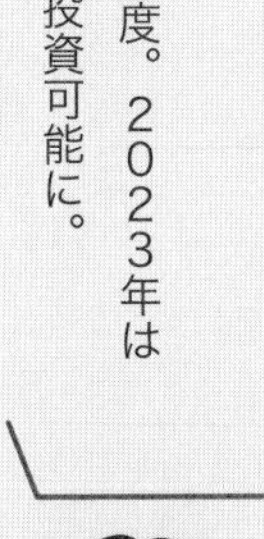

おわりに

現役で現在働かれている40～50代の方は、定年後のことを遠い先のように思われているでしょう。その一方で、人生100年時代と言われ、定年後の生活が長くなり、その費用をどう賄えばいいのか不安に感じているのも確かでしょう。

しかし、その先輩にあたる1950年代生まれは、意外と軽やかに60代を謳歌《おうか》している現実を、目《ま》の当たりにされたのではないでしょうか。定年後も65歳になるまでは会社員の延長で働き、65歳以降の年金生活が始まると、地元をベースに月5万円など小さな仕事をして暮らすことに、生きがいを感じているのです。

そして、これから次々と定年後デビューをしていく1960年代生まれ世代は、さらに定年後の働き方について新しいスタイルを築いていくのではないでしょうか? 出世やホワイトカラーとは無縁の世界で、専門の道を究《きわ》めたり、人のために尽くしたり、好きなことを仕事にしたりして、自分らしいやりがいを求めていくことでしょう。

いよいよ日本でも、セカンドキャリア、人生二毛作の時代が全員のものになっていくのではないでしょうか。そんな新・定年世代の活躍をウォッチしていきたいものです。

2023年3月　編集部

●著者プロフィール

坂本貴志（さかもと たかし）

リクルートワークス研究所研究員・アナリスト

1985年生まれ。一橋大学国際・公共政策大学院公共経済専攻修了。厚生労働省にて社会保障制度の企画立案業務などに従事した後、内閣府で官庁エコノミストとして「経済財政白書」の執筆などを担当。その後、三菱総合研究所エコノミストを経て、現職。著書に『統計で考える働き方の未来』（ちくま新書）、『ほんとうの定年後「小さな仕事」が日本社会を救う』（講談社現代新書）がある。

井戸美枝（いど みえ）

ファイナンシャルプランナー（CFP認定者）
社会保険労務士、産業カウンセラー

前社会保障審議会企業年金・個人年金部会委員。国民年金基金連合会理事。講演や執筆、テレビ出演などを通じ、生活に身近な経済問題、年金・社会保障問題について解説している。近著に『一般論はもういいので、私の老後のお金「答え」をください！ 増補改訂版』（日経BP）、『お金がなくてもFIREできる』（日経プレミアシリーズ）、『私がお金で困らないためには今から何をすればいいですか？』（日本実業出版社）、『今すぐできる！ iDeCoとつみたてNISA超入門』（共著、扶桑社）など。

最新データと図解でみる

定年後のお金と暮らし

2023年4月28日　第1刷発行

著　者　坂本貴志、井戸美枝
発行人　蓮見清一
発行所　株式会社 宝島社

〒102-8388　東京都千代田区一番町25番地
電話［営業］03-3234-4621［編集］03-3239-0646
https://tkj.jp

印刷・製本　サンケイ総合印刷株式会社

ISBN978-4-299-04202-6

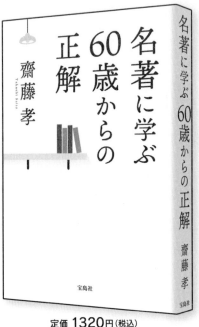

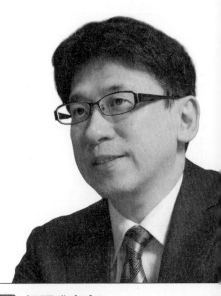